INSTRUCTIONS
DU COMITÉ HISTORIQUE

DES ARTS ET MONUMENTS.

ARCHITECTURE MILITAIRE

PAR MM. MÉRIMÉE ET ALBERT LENOIR, MEMBRES DU COMITÉ.

PARIS.
IMPRIMERIE IMPÉRIALE.

M DCCC LVII

INSTRUCTIONS

DU COMITÉ HISTORIQUE

DES ARTS ET MONUMENTS.

1837-1849.

INSTRUCTIONS
DU COMITÉ HISTORIQUE
DES ARTS ET MONUMENTS.

ARCHITECTURE MILITAIRE.

L'architecture militaire du moyen âge a des caractères beaucoup moins précis que l'architecture religieuse ou civile, et l'on en conçoit facilement la raison. D'abord les constructions défensives ne comportent que peu d'ornementation, et l'on a vu que c'est surtout par l'étude des détails ornés que l'on parvient à déterminer l'âge d'un édifice. En second lieu, avant l'invention de la poudre, ou, pour mieux dire, avant le perfectionnement de l'artillerie, les moyens de défense ne se sont modifiés que d'une manière assez peu sensible. Enfin les changements qu'ils ont éprouvés n'ont eu lieu que graduellement, et à mesure que l'art de la guerre faisait des progrès; dans le plus grand nombre de cas, ils n'ont altéré les dispositions primitives que par des additions qui, se soudant, pour ainsi dire, aux constructions anciennes, en ont rendu l'appréciation plus difficile.

Pour connaître l'époque à laquelle a été construit un monument militaire, il faut donc, avant tout, distinguer ce qui est primitif de ce qui aurait été ajouté ou modifié; puis, rechercher avec soin, dans les détails de la construction qui s'appliquent à tous les genres d'architecture, ceux que l'on peut regarder comme caractéristiques. Ils ont été indiqués dans les Instructions précédentes, auxquelles nous renvoyons nos correspondants. Quelque simple que soit l'architecture d'un château ou d'une tour, il est rare qu'on n'y puisse découvrir des traces d'ornementation. A défaut de semblables indices, la forme des arcs, des voûtes, des fenêtres, enfin l'appareil même des murailles, fourniront des renseignements qu'il importe d'étudier avant de passer à l'examen des dispositions purement militaires. En s'en référant aux Instructions précédentes, on se bornera à faire observer que l'architecture militaire, ayant eu pour objet principal la solidité et la durée, est restée toujours plus sévère et plus massive que l'architecture religieuse ou civile.

DISPOSITIONS GÉNÉRALES.

Le problème dont les ingénieurs du moyen âge se sont proposé la solution semble avoir été celui-ci :

Construire des ouvrages qui puissent se protéger les uns les autres, et cependant susceptibles d'être isolés, en sorte que la prise de l'un n'entraîne pas celle des ouvrages voisins.

De ce principe découle ce corollaire : que les ouvrages intérieurs doivent commander les ouvrages extérieurs.

Aussi, toute place fortifiée se composait :

1° D'un fossé continu,
2° D'une enceinte continue,
3° D'un réduit où la garnison trouvait un refuge après la prise de l'enceinte.

Dans les villes, ce réduit était une citadelle, dans les châteaux un donjon, c'est-à-dire une tour plus forte que les autres, indépendante par sa situation et par sa construction.

ARCHITECTURE MILITAIRE. 3

Les premières enceintes fortifiées du moyen âge, surtout celles des châteaux, ne furent formées que d'un parapet en terre, bordé par un fossé, et couronné de palissades, de troncs d'arbre, de fagots d'épines, ou quelquefois même de fortes haies vives[1]. Au centre s'élevait une tour en maçonnerie, solidement bâtie et entourée d'un fossé, comme l'enceinte extérieure.

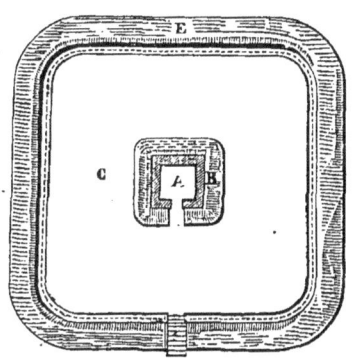

Fig. I. A Tour ou donjon.
B Fossé du donjon.
C Enceinte défendue par un parapet ou des palissades.
E Fossé extérieur.

Aux parapets en terre, on substitua, dans la suite, des murs de pierre flanqués de tours plus ou moins espacées; on multiplia le nombre des enceintes, et l'on augmenta la force des donjons. Vers la fin du XIIe siècle, les ingénieurs recherchaient avec curiosité les ouvrages anciens sur l'art de la guerre, et l'on a lieu de croire qu'à cette époque on remit en pratique les principaux préceptes consignés dans les écrivains militaires latins ou grecs, préceptes qui d'ailleurs paraissent n'avoir jamais été complétement oubliés en France.

[1] La plupart des villes ayant eu de bonne heure, soit des enceintes romaines, soit des remparts construits sous l'influence des arts de Rome, ne s'entourèrent pas de ces fortifications barbares, qui furent principalement à l'usage des seigneurs ou chefs militaires vivant à la campagne.

1.

INSTRUCTIONS.

SITUATION.

Avant d'étudier en détail toutes les parties qui composent une forteresse, il convient de dire quelques mots des emplacements qu'on regardait au moyen âge comme le plus favorables à la défense.

En pays de montagnes, on recherchait de préférence une espèce de cap ou de plateau étroit, s'avançant au-dessus d'une vallée, surtout si des escarpements naturels le rendaient inaccessible de presque tous les côtés.

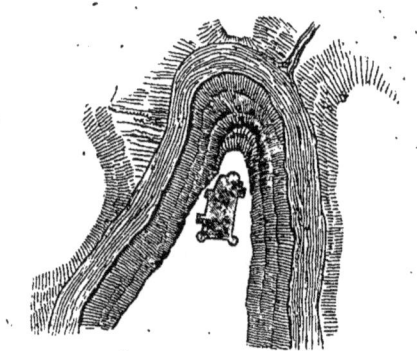

Fig. II.

Rarement on bâtissait les châteaux sur des cimes élevées; on préférait les construire à mi-côte, soit pour la facilité des approvisionnements, soit pour ne pas se priver des moyens d'avoir de l'eau commodément. On bâtissait même des forteresses dans les vallées, mais c'était, en général, quand elles offraient de ces passages naturels dont la possession assure de grands avantages pour préparer ou pour repousser une invasion. D'ailleurs on était assez indifférent sur le voisinage des hauteurs qui dominaient les enceintes fortifiées, pourvu qu'elles fussent hors de la portée, assez faible, des machines en usage alors, pour lancer des traits.

ARCHITECTURE MILITAIRE.

En plaine, on choisissait les bords des rivières, surtout les îles et les presqu'îles qu'on pouvait facilement isoler, et qui commandaient la navigation.

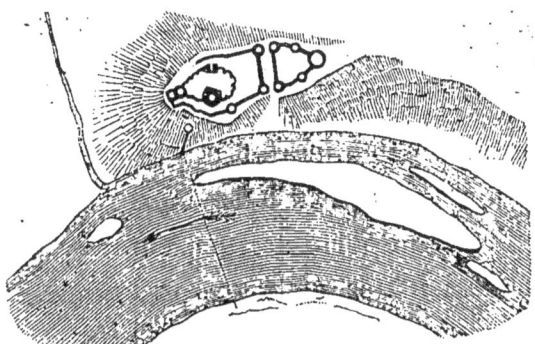

Fig. III. Plan du Château-Gaillard (xii° siècle).

Faute de rivière, on recherchait le voisinage d'un ruisseau qui remplît les fossés d'eau, ou bien d'une boue profonde, obstacle tout aussi efficace que l'eau; enfin une butte isolée, élevée de quelques mètres, était considérée comme une bonne position, que l'on s'efforçait d'améliorer encore en augmentant artificiellement la roideur des pentes. D'ordinaire même, on élevait une *motte,* ou butte factice, pour y placer le donjon ou la principale tour d'un château.

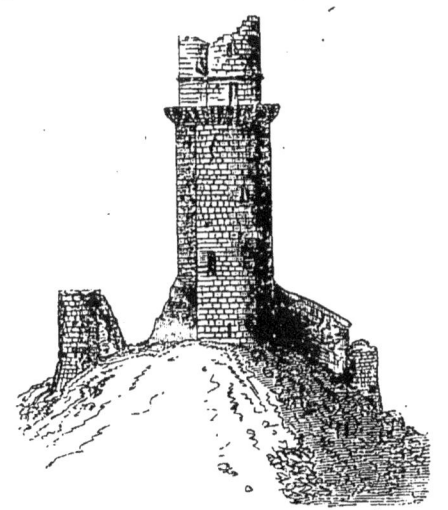

Fig. IV. Tour de Montlhéry.

Quelques-unes de ces mottes paraissent avoir été des tumulus antiques. Il faut bien se garder de généraliser ce fait, mais on ne doit pas négliger de le signaler à l'attention des correspondants.

Avant de terminer cet article, nous rappellerons qu'en étudiant la situation d'une forteresse, il est nécessaire de tenir compte des motifs particuliers et des intérêts politiques qui, à une époque donnée, ont pu faire choisir tel ou tel emplacement. A cet effet, il importe de bien connaître les anciennes limites qui séparaient les états des différents princes indépendants, et même les limites des possessions de leurs feudataires.

DIVISIONS PRINCIPALES.

Les parties principales et caractéristiques d'une forteresse au moyen âge, à commencer l'examen par l'extérieur, peuvent être rangées dans les divisions suivantes :

1. Fossé.
2. Pont.
3. Barrières ou retranchements extérieurs.
4. Portes.
5. Tours.
6. Couronnement, créneaux, plates-formes, etc.
7. Courtines.
8. Fenêtres, meurtrières.
9. Cours intérieures.
10. Donjon.
11. Souterrains.

ARCHITECTURE MILITAIRE. 7

1. FOSSÉS.

Les plus anciens fossés étaient creusés dans la terre et dépourvus de revêtement, du moins du côté de la campagne, car, du côté de la place, les murs, s'élevant verticalement ou en talus fort roide, formaient un des bords du fossé. L'inclinaison des bords opposés était celle qu'exigeait la nature des terres excavées.

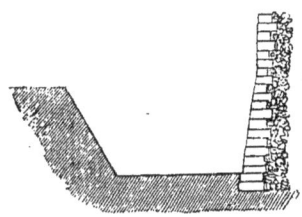

Fig. V.

Dans les châteaux plus modernes, la contrescarpe, ou le bord extérieur du fossé, est revêtue de maçonnerie. Quelquefois c'est un mur vertical, plus souvent un talus. Il est fait mention de talus en terre à parois verticales, mais alors probablement les terres étaient retenues par des madriers, et il est présumable que ce n'était qu'une disposition temporaire adoptée au moment d'un siége.

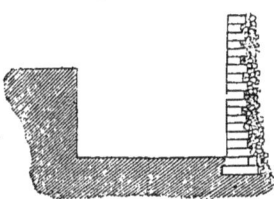

Fig. VI.

Au reste, les fossés à parois verticales ou à fond de cuve, étaient considérés comme les obstacles les plus difficiles à surmonter, mais les exemples en sont fort rares.

Il est aujourd'hui à peu près impossible de juger des dimensions originelles d'un fossé creusé dans la terre et sans revêtement, tel qu'on en rencontre communément autour des anciennes places de guerre. Les éboulements et le manque de soin ont presque toujours beaucoup diminué sa profondeur primitive. Cependant l'examen attentif de son état actuel et le relèvement exact de son talus peuvent conduire à des conjectures très-vraisemblables sur son état ancien.

Autant que la chose était possible, les fossés étaient remplis d'eau, ou du moins susceptibles d'être inondés au besoin. Quelquefois l'eau baignait le pied des remparts, d'autres fois elle remplissait seulement *la cunette*, c'est à dire un canal pratiqué au milieu du fossé, entre deux berges qui restaient à sec.

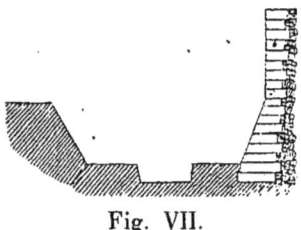

Fig. VII.

Lorsque les fossés étaient dans une telle situation qu'ils ne pussent jamais être inondés, les difficultés naturelles du terrain rendaient presque toujours cette précaution inutile, et d'ailleurs on y suppléait, soit par une profondeur plus grande, soit par l'emploi de chausse-trapes,

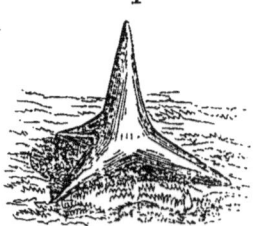

Fig. VIII. Chausse-trape; Musée de l'artillerie.

de pieux aiguisés, etc. cachés sous les herbes qui tapissaient le fond du fossé.

Outre l'eau destinée à remplir la cunette du fossé, et qu'on prenait, comme il semble, assez peu de soin de renouveler, ce fossé recevait encore les égouts du château. Les ouvertures des canaux qui y portaient les immondices étaient soigneusement munies de grilles et de hérissons.

L'absence de fossé est rare, même dans les châteaux situés sur des hauteurs où des escarpements abruptes paraissent rendre cet obstacle tout à fait superflu. Presque toujours, à moins que les remparts ne s'élevassent au bord même d'un précipice, s'il restait un peu de terrain uni entre les escarpements et l'enceinte, on regardait comme indispensable de creuser un fossé. En effet la destination de ce genre de défense était principalement d'empêcher l'assaillant de conduire au pied du mur ses machines de siége. Aussi la première opération de celui-ci était de combler le fossé, et de niveler le terrain jusqu'au bas du rempart.

2. PONTS.

Un pont porté sur des piles, ou, plus rarement, une espèce de môle traversant le fossé, donnait accès dans la place. Quelquefois, en excavant le fossé, on ménageait une langue de terre, qui servait de passage; mais, d'ordinaire, on préférait un pont léger, facile à enlever au besoin, qui offrait l'avantage de rétrécir le passage, et même, en cas de siége, de l'intercepter tout à fait.

Dans les monuments figurés, dans la tapisserie de la reine Mathilde, par exemple, on voit des ponts semblables qui ne semblent composés que d'une seule planche. On observera que l'extrémité qui aboutit à l'enceinte fortifiée est plus élevée que l'autre. Le but de cette disposition s'explique suffisamment. On doit remarquer encore des espèces de marches destinées à assurer le pas des chevaux.

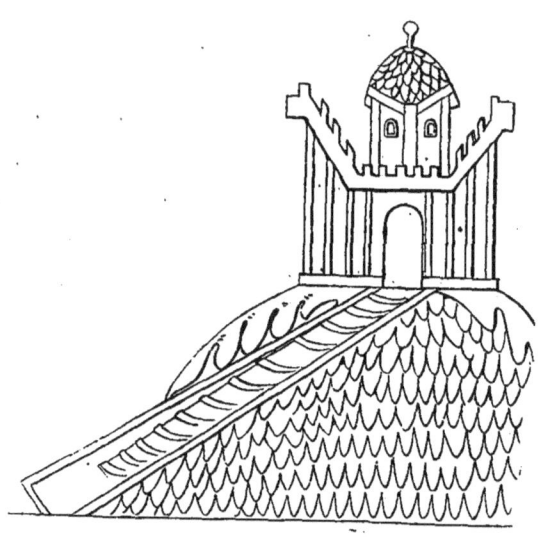

Fig. IX. Tapisserie de la reine Mathilde (xi° siècle).

Bientôt on imagina de construire des ponts dont le tablier se composait de deux pièces : l'une immobile, l'autre pouvant se relever au besoin, et, de la sorte, fermer le passage. Cette invention, qu'on nomma pont-levis, se perfectionna rapidement. La partie mobile du tablier fut manœuvrée par un système de contre-poids, en sorte qu'un effort même assez faible suffit pour la lever ou l'abaisser.

ARCHITECTURE MILITAIRE.

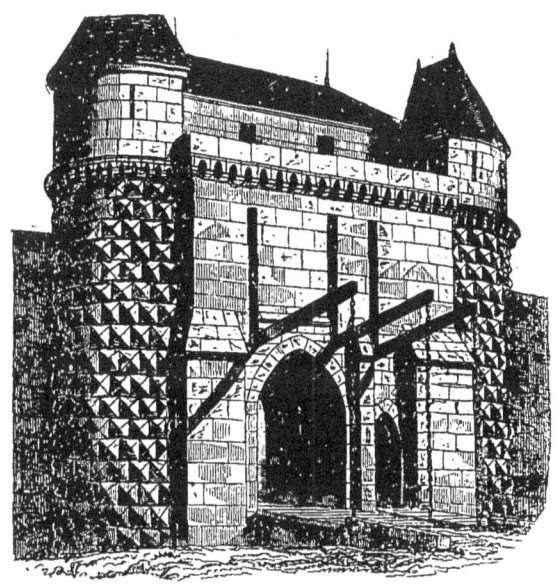

Fig. X. Porte Saint-Jean à Provins, vue de l'extérieur.

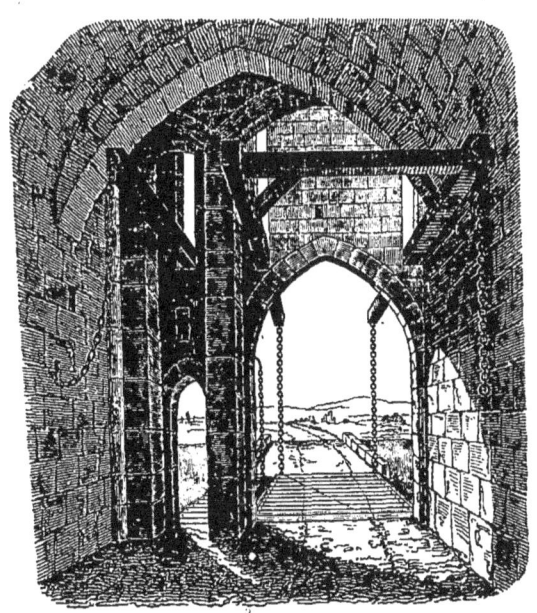

Fig. XI. Porte Saint-Jean à Provins, vue de l'intérieur.

Il est presque impossible aujourd'hui de retrouver d'anciens ponts-levis. On reconnaît qu'ils ont existé à de longues ouvertures percées dans les murs, au-dessus de la porte, et dans lesquelles se mouvaient sur un axe les flèches, c'est-à-dire les poutres formant le levier auquel le tablier mobile était suspendu.

Si le pont-levis était très-léger, comme ceux qui étaient destinés à donner passage à des hommes à pied seulement, les poutres étaient remplacées par une armature en fer moins compliquée et d'une manœuvre plus facile. Les figures ci-jointes dispensent de toute description.

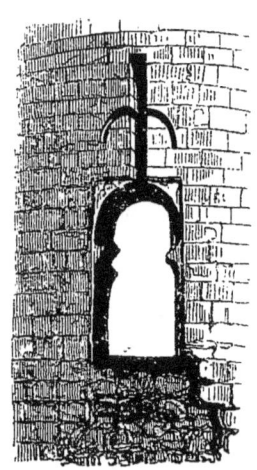 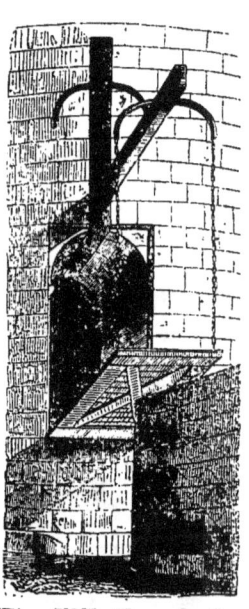

Fig. XII. Tour de Cesson, près de Saint-Brieuc; état actuel.   Fig. XIII. Tour de Cesson, porte restaurée.

Lorsqu'au lieu d'un fossé il s'agissait de traverser quelque obstacle plus considérable, tel qu'un large ravin, ou bien une rivière, un pont solide en pierre était substitué aux ponts de charpente réservés aux fossés d'une largeur médiocre. Alors, par des dispositions particulières, on s'étudiait à rendre le passage dangereux et difficile pour l'ennemi. Presque toujours on élevait fortement le milieu du pont, et l'on y plaçait une tour, sous laquelle il fallait passer. D'autres tours défendaient les extrémités du pont; le tablier était très-étroit, et souvent interrompu par des ponts-levis en avant et en arrière des tours[1].

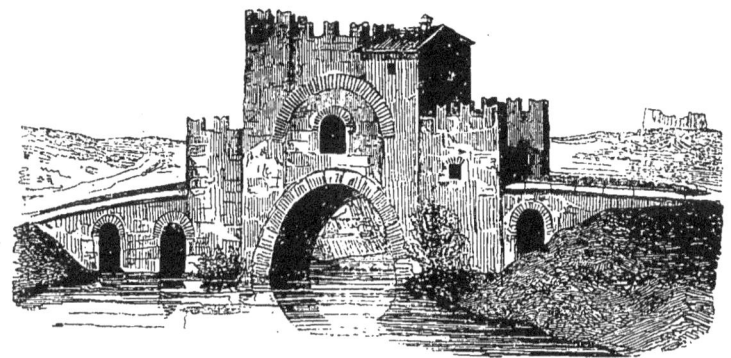

Fig. XIV. Ponte Lamentano près de Rome.

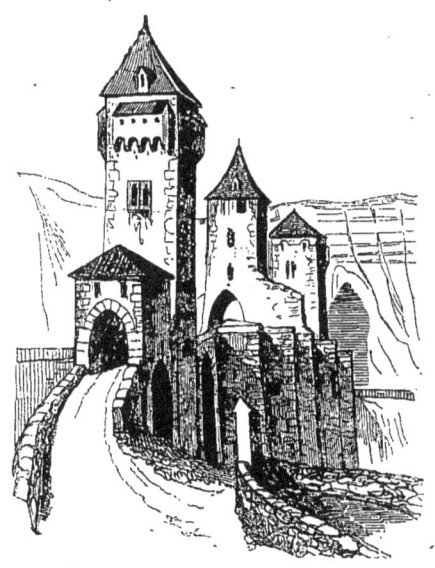

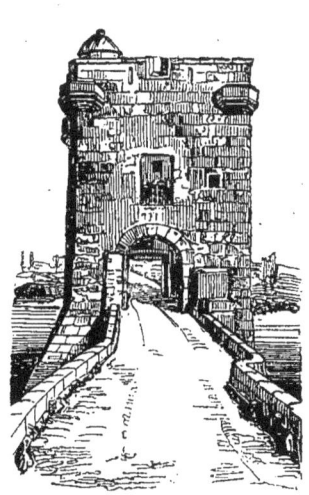

Fig. XV. Pont de Cahors.   Fig. XVI. Pont près d'Aigues-Mortes.

[1] Ces ponts chargés de tours étaient souvent construits pour favoriser le prélèvement d'un péage. Dans ce cas, ils peuvent se rencontrer fort éloignés de toute autre fortifica-

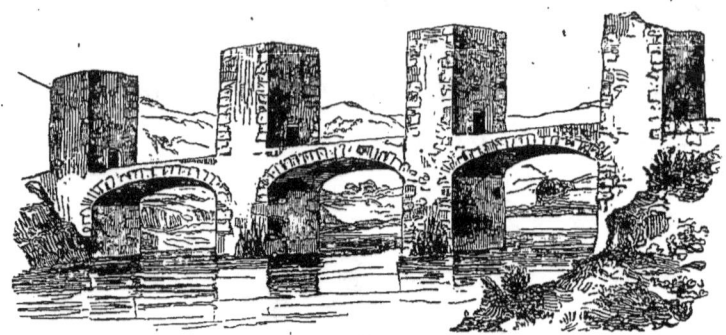

Fig. XVII. Pont de Sutri.

Dans quelques provinces, on voit le tablier des ponts affecter en plan la forme d'un Z[1], et l'on pensait sans doute que cette disposition devait rendre plus difficile une surprise, telle qu'en auraient pu tenter des hommes à cheval se lançant au galop pour forcer le passage.

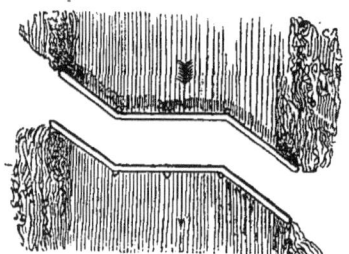

Fig. XVIII. Pont sur le Tavignano, en Corse.

3. RETRANCHEMENTS EXTÉRIEURS, BARRIÈRES, BARBACANES, POTERNES, ETC.

Au delà du fossé, à la tête de tous les ponts, on élevait un ouvrage plus ou moins considérable, dont la destination était

---

tion. Quelques châteaux situés sur le bord d'une rivière levaient un impôt sur la navigation au moyen d'un barrage ou estacade qui ne laissait un passage qu'assez près des remparts pour que les bateaux ne pussent se soustraire au payement du droit fixé. Il y avait, par exemple, un barrage sur la Seine, auprès du Château-Gaillard.

[1] Il y en a beaucoup d'exemples en Corse, du xve et du xvie siècles.

ARCHITECTURE MILITAIRE. 15

de protéger les reconnaissances et les sorties de la garnison. Quelquefois il se composait d'une ou de plusieurs tours, ou même d'un petit château, auquel on donnait souvent le nom de bastille.

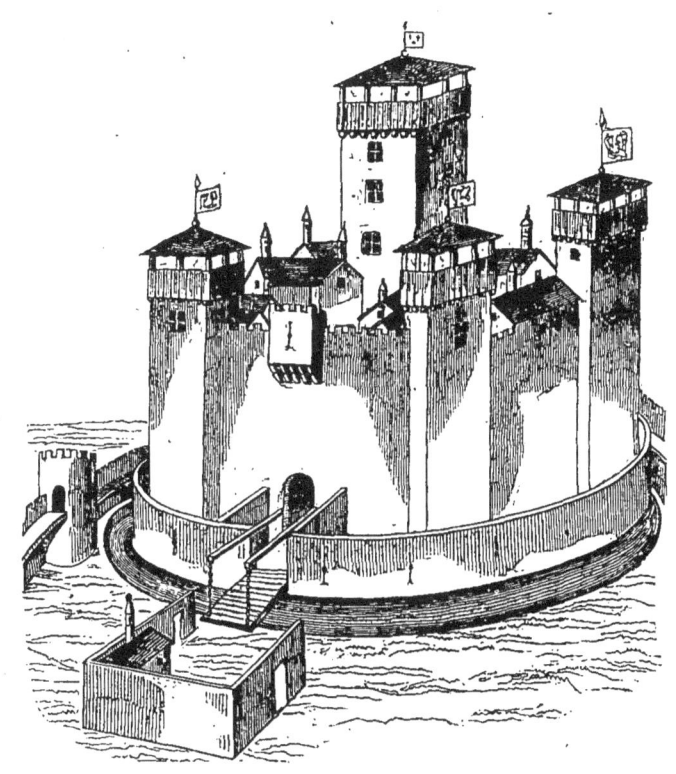

Fig. XVIII bis. Château de la Paleuze. (Tiré d'un manuscrit de la Bibliothèque royale.)

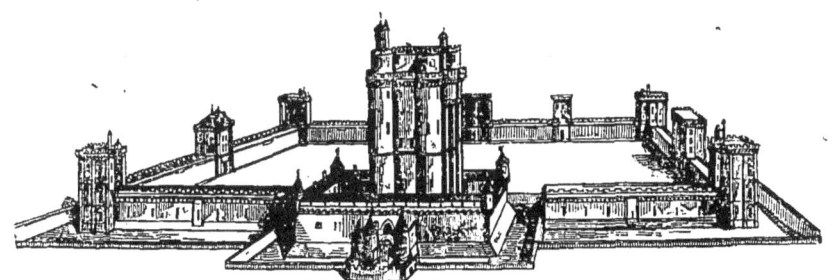

Fig. XIX. Château de Vincennes.

Plus fréquemment, surtout dans les châteaux de moyenne grandeur, on se contentait de plusieurs enceintes de palissades. (Voir le bas-relief de Carcassonne et la fig. LXVII.)

Les peintures, les tapisseries, les bas-reliefs, peuvent fournir d'utiles renseignements sur les ouvrages de cette espèce, encore assez imparfaitement connus. Autant qu'on en peut juger par les récits des historiens, on doit se représenter ces sortes de fortifications comme une suite de barrières les unes derrière les autres. C'était là que s'engageaient les premiers combats, et d'ordinaire l'assaillant commençait ses opérations par brûler ou détruire ces postes avancés. On leur a donné plusieurs noms, tels que *barrières*, *barbacane*, *poterne*, et il n'est pas facile de les distinguer. Il paraît cependant que le mot de poterne s'appliquait plus particulièrement à une espèce de porte dérobée donnant accès sur le fossé, et aux ouvrages qui la défendaient.

Une forteresse située sur une hauteur escarpée avait souvent une barbacane qui donnait sur la plaine, et se liait au corps de la place. C'était comme un long passage entre deux murs, quelquefois flanqués de tours, et se terminant par une sorte de fort détaché. On voit une disposition de cette espèce dans les fortifications de la cité de Carcassonne, du côté qui fait face à la ville moderne.

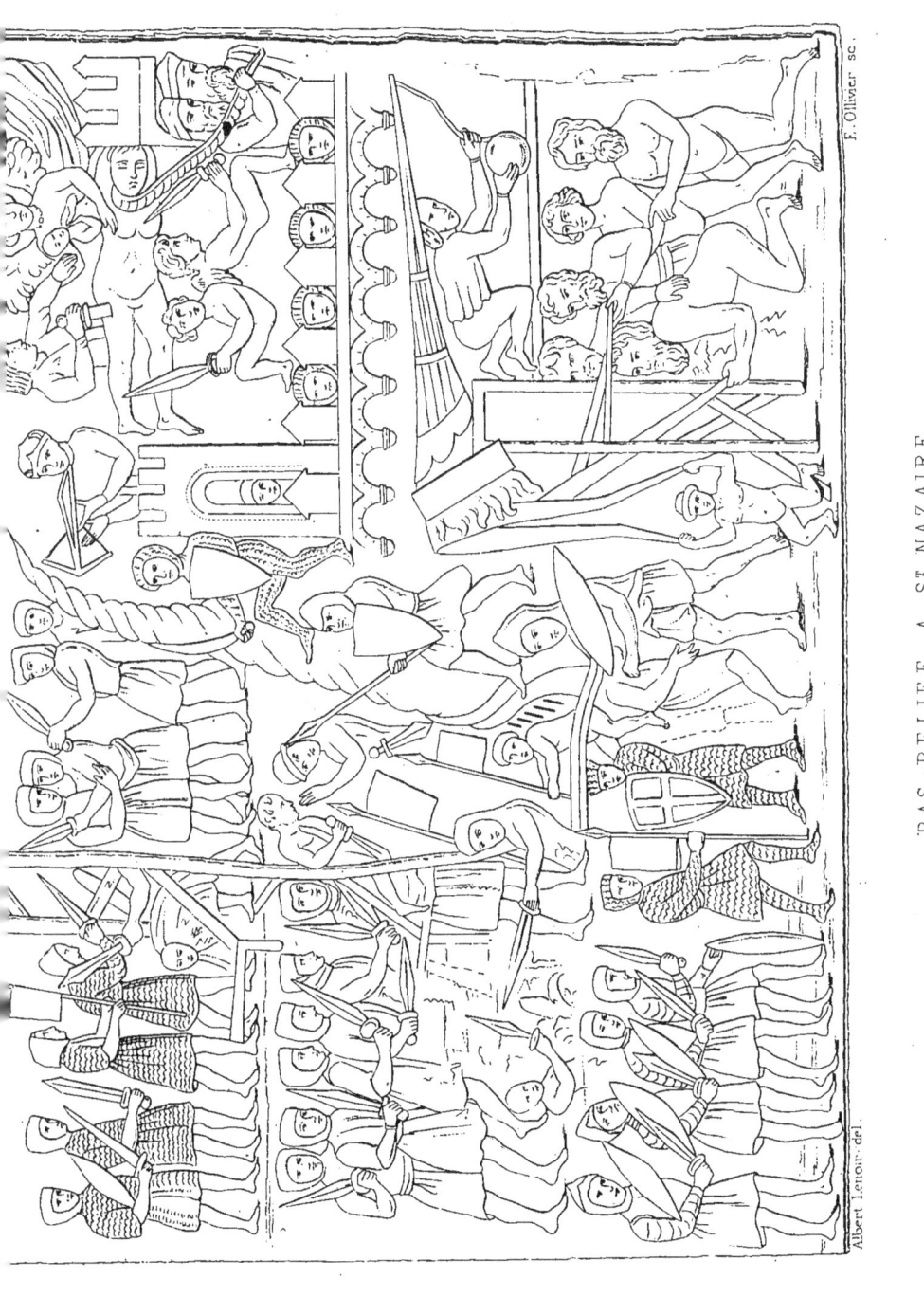

BAS-RELIEF A St NAZAIRE.
(Carcassonne.)

ARCHITECTURE MILITAIRE.

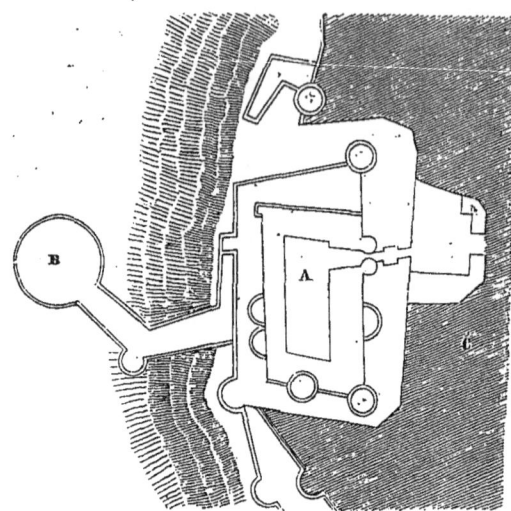

Fig. XX. Barbacane de Carcassonne.
- A Château.
- B Tour de la Barbacane.
- C Ville.

4. Portes.

Après avoir franchi le fossé on arrivait à la porte de l'enceinte principale. La même observation qui avait fait construire des ponts en zig-zag, avait fait reconnaître qu'il ne fallait point placer la porte dans l'axe du pont, mais à *gauche* de celui-ci. La porte s'ouvrait à gauche parce qu'on obligeait ainsi l'assiégeant de présenter aux remparts son flanc droit, qui n'était point couvert par les grands boucliers nommés pavois qu'on portait dans les siéges. Cette disposition, que nous avons remarquée déjà dans les fortifications des Romains, paraît leur avoir été empruntée ainsi que beaucoup d'autres par les ingénieurs du moyen âge[1].

---

[1] « Curandum maxime videtur......... uti portarum itinera non sint directa sed læva, « namque tum dextrum latus accedentibus quod scuto non erit tectum, proximum erit « muro. » (Vitr. I, 5.)

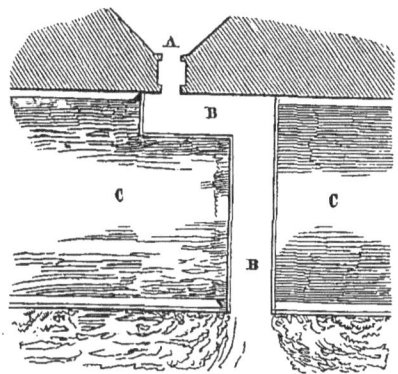

Fig. XXI. A Porte.
B Pont.
C Fossé.

La porte d'un château est presque toujours placée dans un massif épais formé par deux tours que lie entre elles un corps de bâtiment plus ou moins considérable. Elle présente un passage, assez étroit, qu'on pouvait fermer à ses deux extrémités et quelquefois même au milieu. Ce passage traverse souvent une ou plusieurs petites cours comprises dans l'intérieur du massif dont on vient de parler.

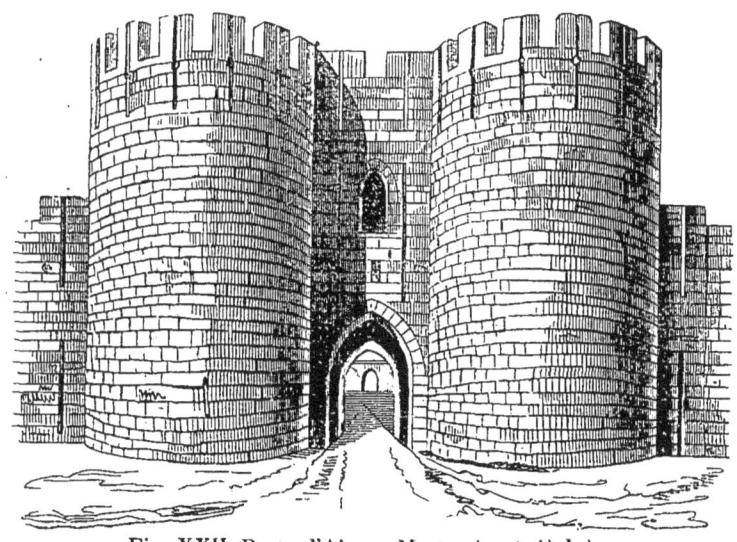

Fig. XXII. Porte d'Aigues-Mortes (xiv° siècle).

ARCHITECTURE MILITAIRE.

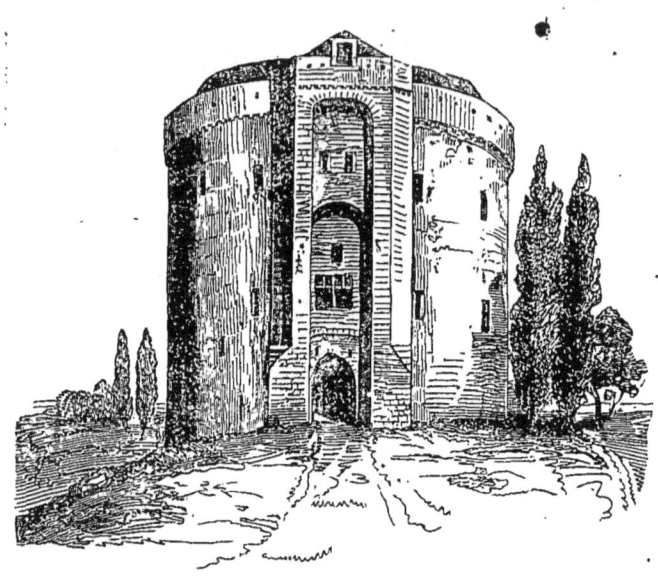

Fig. XXIII. Porte de Hal à Bruxelles.

Une disposition assez semblable à celle de la figure ci-dessous, paraît avoir existé dans plusieurs châteaux, mais on ne pourrait quant à présent en citer un exemple bien conservé en France. Le dessin ci-joint représente une porte du xive siècle, existant encore aujourd'hui dans une ville d'Espagne.

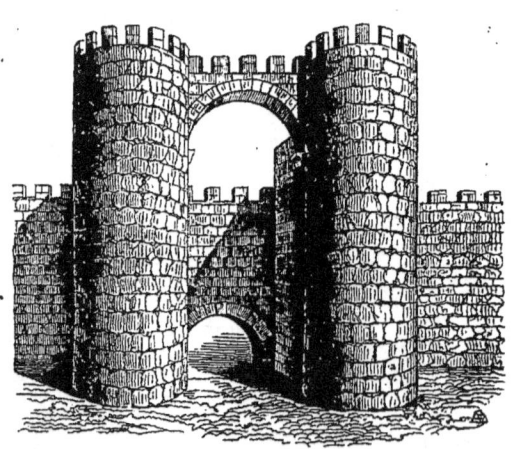

Fig. XXIV. Porte de San-Vicente (Avila).

On voit que les deux tours entre lesquelles s'ouvre la porte se projettent en avant, laissant entre elles un passage assez étroit. Le pont sert, non-seulement à établir une communication entre les deux tours, mais encore à recevoir des soldats qui, à l'abri de forts parapets, pouvaient contribuer, d'une manière très-efficace, à la défense de la porte.

Presque tous les châteaux ont deux portes : l'une grande, l'autre petite, très-rapprochées l'une de l'autre. La première servait pour les chars et les cavaliers, la petite pour les hommes à pied.

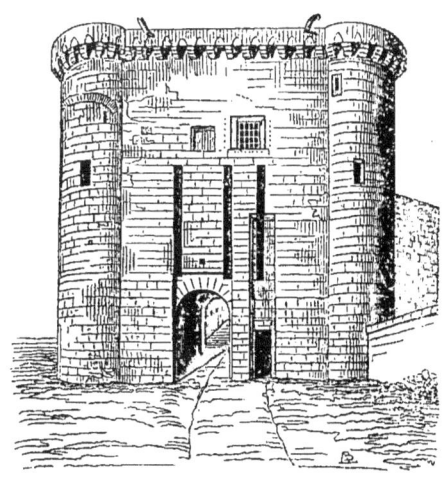

Fig. XXV. Portes du château de Loches.

Dans les maisons particulières on trouve aussi fréquemment ces deux portes. La maison de Jacques Cœur, à Bourges, et l'hôtel de Sens, à Paris, en offrent des exemples remarquables.

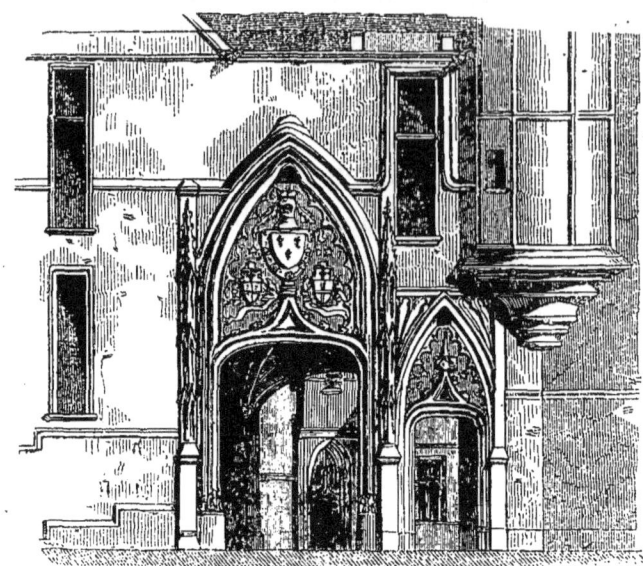

Fig. XXVI. Portes de l'hôtel de Sens, à Paris.

Le pont-levis, une fois relevé, faisait en quelque sorte l'office d'un large bouclier opposé à l'ennemi; mais à force de bras, ou bien avec des machines, celui-ci pouvait parvenir à l'abaisser ou bien à rompre les chaînes qui le tenaient suspendu. Il fallut donc lui opposer un autre obstacle. Ce fut la herse, espèce de lourde grille en fer, quelquefois un système de paux indépendants, glissant dans des rainures pratiquées aux parois des murailles du passage. On élevait la herse à l'aide d'une machine, et à l'approche du danger on la laissait tomber. Dès ce moment le passage était fermé, et il fallait briser la herse pour pénétrer plus avant, car il était impossible de la relever à l'extérieur.

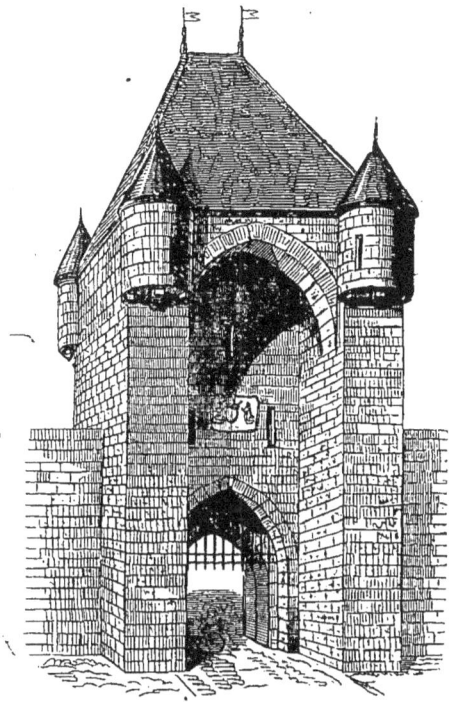

Fig. XXVII. Porte de Moret.

Les hommes qui manœuvraient la herse étaient placés dans une salle supérieure ou quelquefois à côté de la porte. Des ouvertures étroites, percées dans la muraille, leur permettaient d'observer ceux qui se présentaient sur le pont-levis.

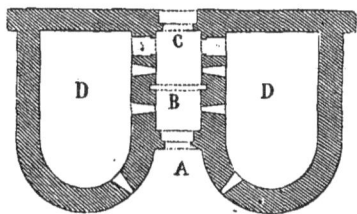

Fig. XXVIII. A Porte.
B Herse.
C Porte.
D Corps de garde.

Outre la herse, pour défendre l'entrée d'une place, on employait encore des portes massives en bois hérissées de clous, ou revêtues de lames de fer. Presque toujours il y avait deux portes, une à chaque extrémité du passage. On en voit un exemple au château de Saint-Sauveur-le-Vicomte, et nous donnons ici le plan, la coupe et l'élévation de son entrée principale.

Porte du château de Saint-Sauveur-le-Vicomte.

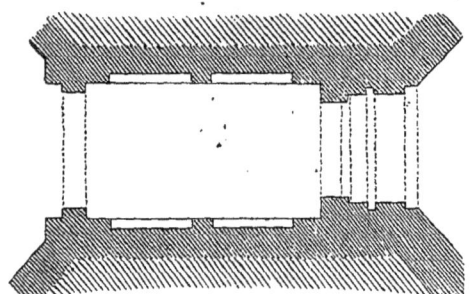

Fig. XXIX. Plan.

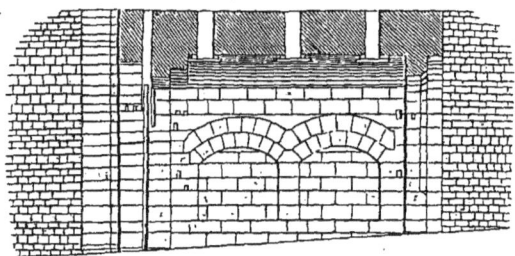

Fig. XXX. Coupe.

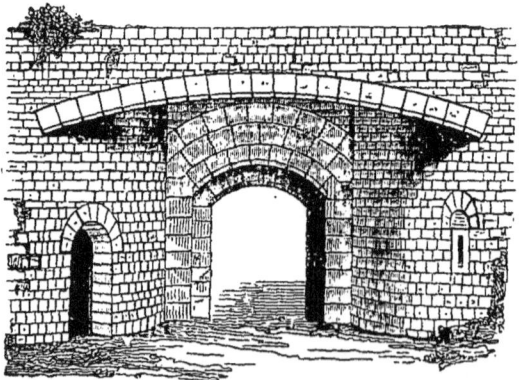

Fig. XXXI. Élévation.

N. B. La porte à droite de l'entrée est moderne.

Si quelque accident ou quelque ruse de l'ennemi venait à empêcher la manœuvre de la herse[1], on avait ménagé des moyens de défense dans l'intérieur même du passage. Des ouvertures dans les voûtes ou dans les plafonds permettaient aux défenseurs de la place de tirer à couvert sur l'assaillant. On voit aussi dans quelques châteaux des balcons soutenus sur des consoles, pour recevoir au besoin des hommes d'armes qui combattaient avec avantage de cette position élevée.

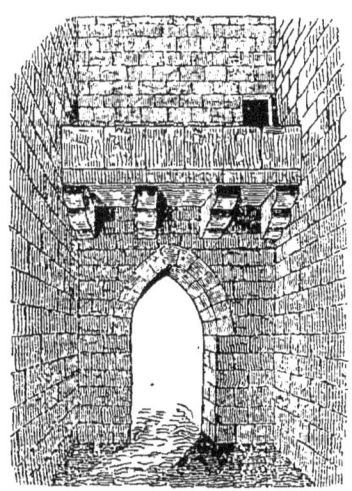

Fig. XXXII. Porte de Cadillac.

Enfin, aussitôt que les armes à feu furent en usage, des meurtrières percées dans les murs latéraux, et même des embrasures pour des canons, complétèrent les moyens de défense, accumulés, comme on voit, à l'entrée des places fortes.

Une partie de ces dispositions se conserva pendant longtemps dans l'intérieur même des villes. On a déjà cité l'hôtel de Sens, qui marque en quelque sorte le passage de l'archi-

---

[1] On se servit souvent avec succès, dans les surprises, de charrettes qui, conduites sous le passage de la porte, empêchaient la herse de s'abaisser.

tecture militaire à l'architecture civile. On a pu remarquer les meurtrières percées au sommet des ogives de ses deux portes; la figure ci-jointe présente une coupe de la meurtrière principale.

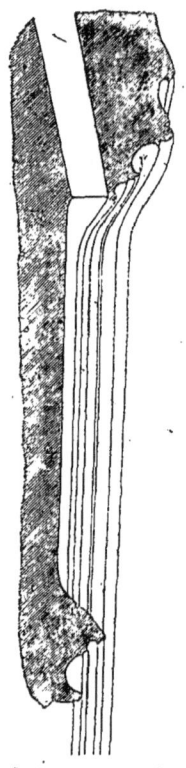

Fig. XXXIII. Meurtrière de la porte de l'hôtel de Sens, à Paris.

Nous avons parlé des salles où se tenaient les gens chargés de lever ou d'abaisser la herse. Elles servaient aussi de corps de garde. On y trouve de vastes cheminées, quelquefois des bancs de pierre et des niches qui ont pu servir de rateliers d'armes.

5. TOURS.

Nous ne nous occuperons dans cet article que des tours qui flanquent l'enceinte continue et se lient à un système de fortifications plus ou moins étendu. Leur usage principal était de protéger les angles de l'enceinte, plus exposés que les fronts, attendu qu'ils ne peuvent présenter à l'ennemi qu'un fort petit nombre de défenseurs. On espaça encore les tours de distance en distance le long des murailles de l'enceinte, afin d'en augmenter la force, de défendre l'accès des fossés et de donner les moyens de prendre en flanc les soldats qui voudraient assaillir le rempart. Dans ce but on leur donna souvent une saillie considérable.

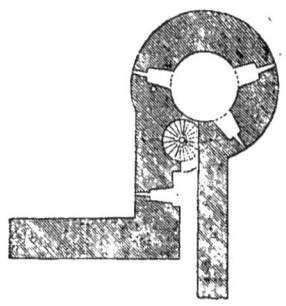

Fig. XXXIII *bis*. Tour de Saumur.

En outre les tours, s'élevant en général au-dessus des murailles, formaient comme autant de petites forteresses, où quelques hommes pouvaient résister avec succès à un grand nombre. Enfin, les tours servaient encore de logements et de magasins.

Les tours sont tantôt verticales,

ARCHITECTURE MILITAIRE.

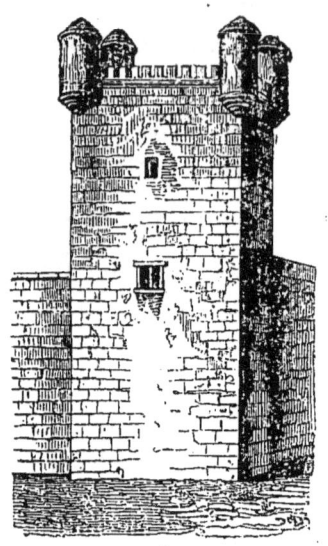

Fig. XXXIV. Tour de Narbonne.

tantôt elles affectent la forme d'un cône tronqué,

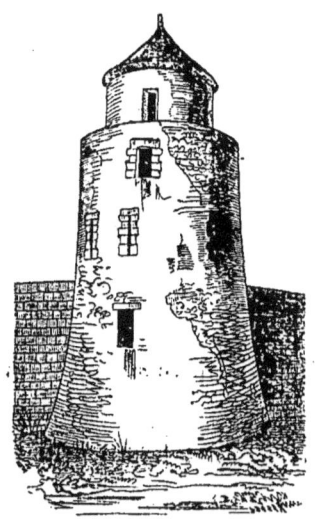

Fig. XXXV. Tour du château de Fougères.

souvent on a combiné ces deux dispositions en élevant un rempart vertical sur une base conique,

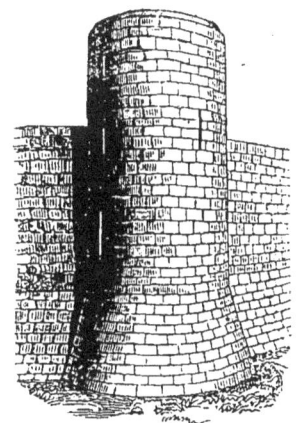

Fig. XXXVI. Tour de Provins.

ou bien en forme de pyramide.

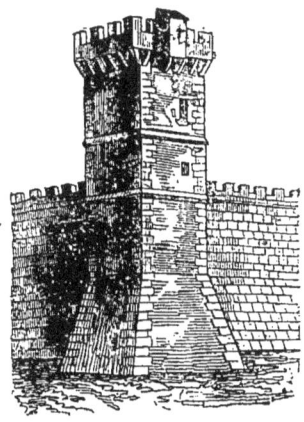

Fig. XXXVII. Tour d'Angoulême.

A l'extérieur les murs sont lisses, ou quelquefois renforcés de contre-forts plus ou moins saillants.

ARCHITECTURE MILITAIRE.

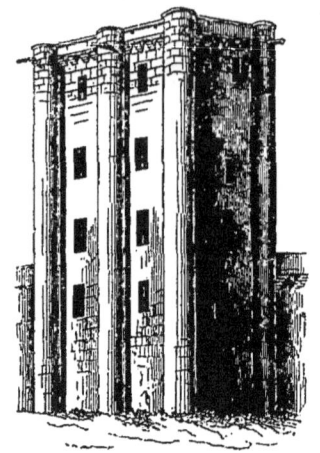

Fig. XXXVIII. Tour de Vez.

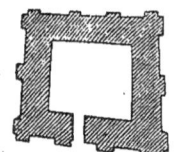

Fig. XXXVIII *bis*. Plan de la tour de Loudun.

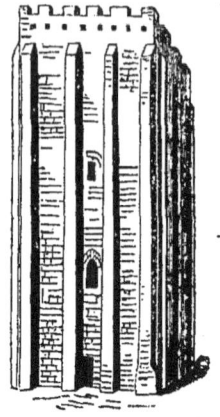

Fig. XXXIX. Tour de Loudun.

Ils sont toujours très-épais, surtout à leur base.

On observe la plus grande variété dans la forme des tours, aussi bien que dans leurs dimensions et leur appareil. La plupart sont rondes ou carrées; mais on en voit de semi-circulaires, de prismatiques, de triangulaires, d'elliptiques.

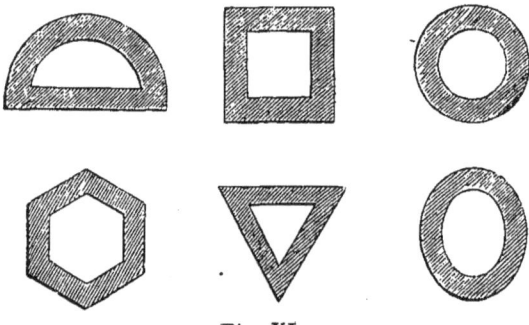

Fig. XL.

Quelques-unes présentent à l'extérieur des angles aigus, dont la destination n'est pas encore bien déterminée[1], telles sont plusieurs tours du château de Loches et la tour Blanche d'Issoudun.

[1] Probablement on avait adopté cette forme pour empêcher l'ennemi de se servir du

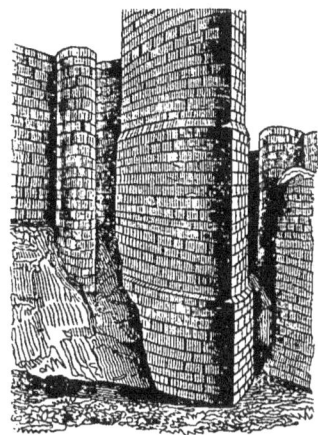 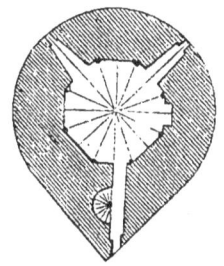

Fig. LXI. Tour du château de Loches.

Fig. LXII. Plan de la tour Blanche d'Issoudun.

Mais cette forme bizarre doit être considérée comme une exception. Toutefois, il semble qu'il n'y ait jamais eu de forme généralement préférée, et que le caprice des ingénieurs beaucoup plus que l'expérience ait fait adopter tel ou tel mode de construction. La figure suivante offre une tour triangulaire dont les angles sont abattus.

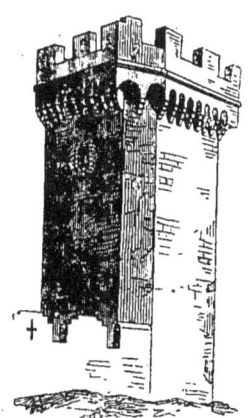

Fig. XLIII. Tour de Beaucaire.

bélier. En effet, contre l'angle saillant, le bélier ne pouvait guère faire brèche, et s'il était dirigé à droite ou à gauche de cet angle, les hommes qui le manœuvraient prêtaient le flanc aux traits des assiégés.

ARCHITECTURE MILITAIRE. 31

On voit des tours ouvertes à l'intérieur, mais, en général, elles ne dépassent pas la hauteur des murailles d'enceinte, et ne sont alors à proprement parler que des saillies du rempart.

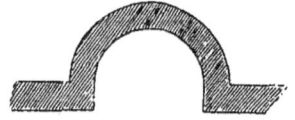

Fig. XLIV.

On adopta cette disposition, sans doute parce qu'avec une moindre dépense on obtenait la plupart des avantages qu'offraient les tours ordinaires. Cependant les tours fermées furent toujours d'un usage plus général, et elles étaient justement regardées comme plus fortes que les précédentes.

6. COURONNEMENT, CRÉNEAUX, ETC.

Les créneaux sont des espèces de boucliers en maçonnerie élevés sur un parapet et espacés les uns des autres de manière à couvrir les hommes qui bordent le rempart, et à leur permettre de se servir de leurs armes dans les intervalles qui séparent ces boucliers.

L'usage des créneaux est fort ancien, et dès le temps d'Homère on leur donnait différents noms qui semblent indiquer des variétés de forme et de destination [1].

---

[1] Κρόσσας μὲν πύργων ἔρυον, καὶ ἔρειπον ἐπάλξεις. (Il. XII, 258.)

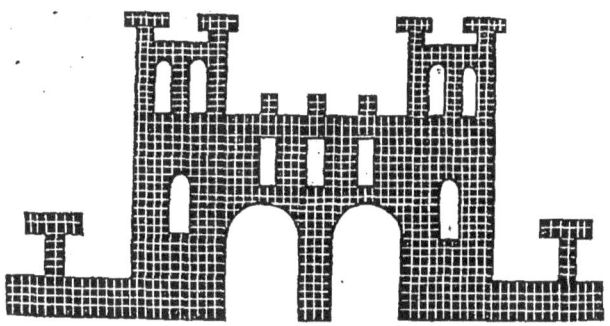

Fig. XLV. Porte romaine tirée d'une mosaïque antique du musée d'Avignon.

En général, ils sont rectangulaires, assez élévés au-dessus du parapet pour couvrir un homme, et espacés suivant la nature des armes employées à l'époque où ils furent construits. D'ordinaire, le vide entre deux créneaux est moindre que la largeur de l'un d'eux.

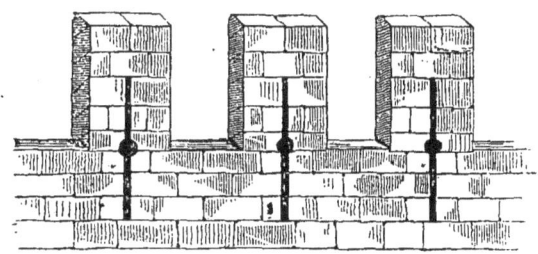

Fig. XLVI. Créneaux d'Avignon.

A des époques, même assez anciennes, on a donné, aux créneaux des formes variées. On en voit dont l'amortissement est en ogive,

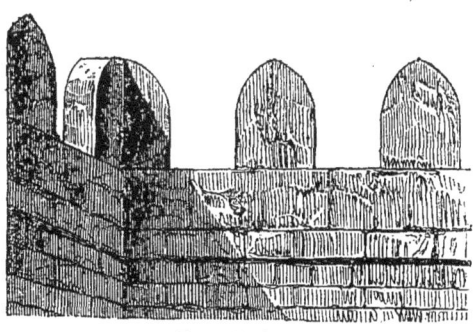

Fig. XLVII.

ou décrit par une courbe quelconque;

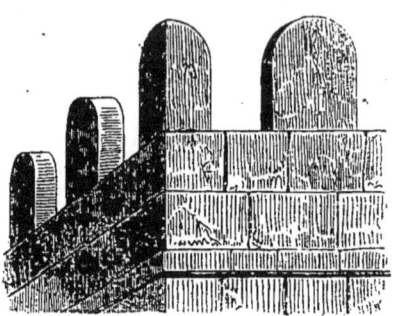

Fig. XLVIII.

d'autres, et surtout dans les pays où l'influence arabe s'est fait sentir, qui sont dentelés ou découpés de différentes manières.

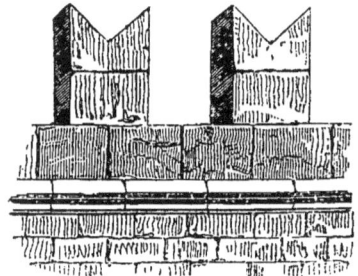

Fig. XLIX.

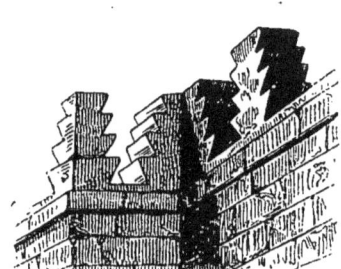

Fig. L.

On en voit aussi qui sont couronnés par une espèce de pyramidion,

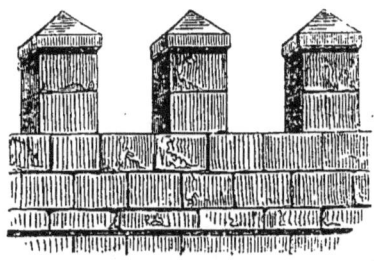

Fig. LI.

ou qui portent un rebord saillant ou une sorte de corniche.

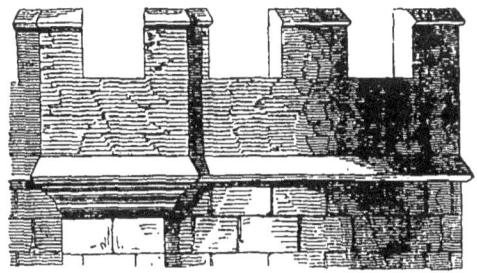

Fig. LII. Créneaux du palais de Justice, à Paris.

Vers le commencement du XIVe siècle, et peut-être avant cette époque, on perça des meurtrières dans les créneaux, sans cesser pourtant de les espacer.

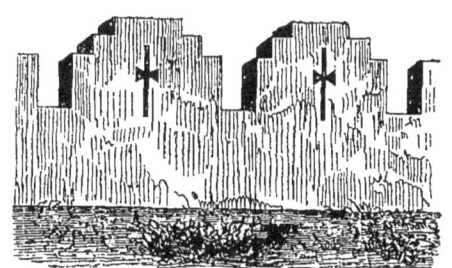

Fig. LIII. Créneaux du château de Beaucaire.

MOUCHARABYS, MACHICOULIS.

Les portes et les fenêtres placées à une hauteur où l'escalade était possible furent défendues de bonne heure par des balcons munis d'un parapet élevé et à jour dans la partie inférieure.

ARCHITECTURE MILITAIRE.

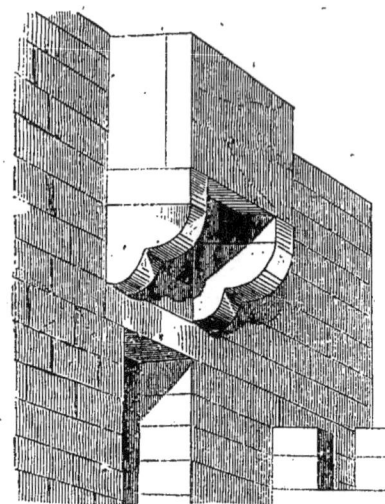

Fig. LIV. Moucharaby de l'enceinte d'Aigues-Mortes.

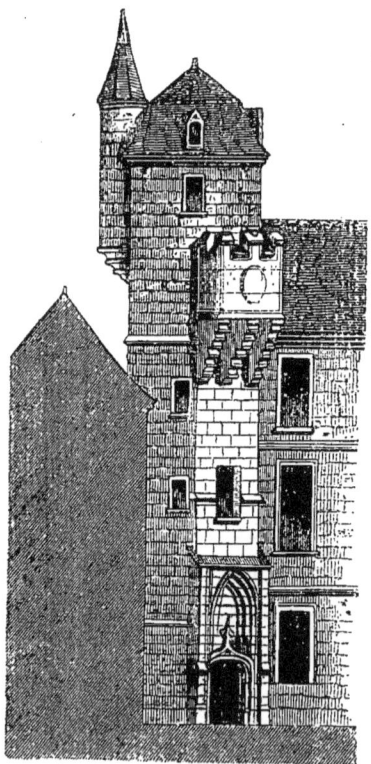

Fig. LV. Porte intérieure de l'hôtel de Sens, à Paris.

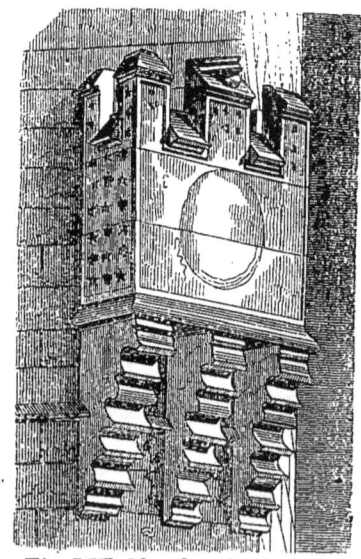

Fig. LVI. Moucharaby de l'hôtel de Sens.

De là on pouvait lancer à couvert des projectiles sur les ennemis qui tentaient de pénétrer par ces ouvertures. Nous avons donné déjà le nom de *moucharāby* à ces balcons, qui paraissent empruntés à l'Orient. Bientôt on imagina de les multiplier et d'en garnir tout le haut d'une muraille. On les appelle *machecoulis* ou *machicoulis* lorsqu'ils forment ainsi un système de défense continu. L'emploi n'en devint général qu'au xive siècle. On en trouve cependant des exemples un peu plus anciens.

La plupart consistent en un parapet, souvent crénelé, et porté sur une suite de corbeaux ou de consoles, médiocrement espacés.

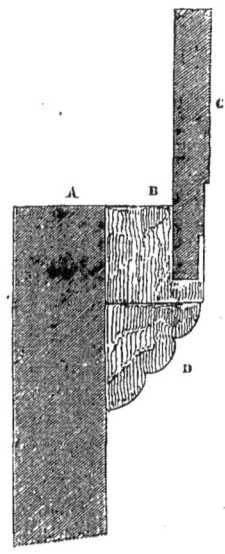

Fig. LVII. Coupe d'un machicoulis.
    A Rempart.
    B, D Console.
    C Créneaux.

ARCHITECTURE MILITAIRE.   37

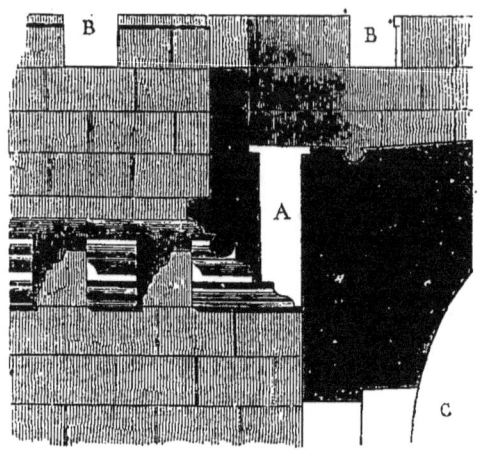

Fig. LVIII. Machicoulis de la Bastille.
A Machicoulis.
B Créneaux.

Ailleurs, une espèce d'arcade jetée entre les contre-forts extérieurs d'un rempart supporte le parapet, et tout l'espace vide compris entre deux contre-forts pouvait servir à jeter des projectiles considérables, tels que de grandes pièces de bois. On voit au château des papes, à Avignon, et dans le bâtiment de l'évêché, au Puy, des machicoulis disposés de la sorte.

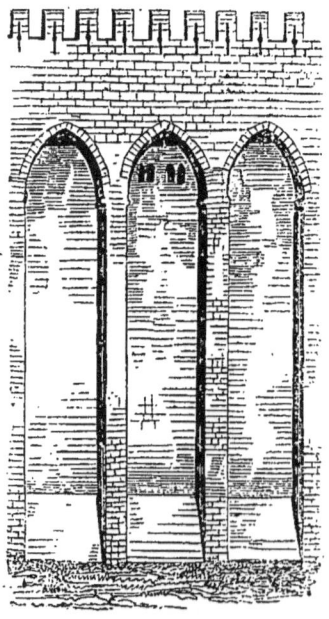

Fig. LIX Machicoulis du château des papes, à Avignon.

38   INSTRUCTIONS.

La forme des arcs qui unissent quelquefois les consoles ou les contre-forts et qui forment l'ouverture verticale des machicoulis, ou, à leur défaut, l'ornementation qui rappelle ces arcs, peut, dans beaucoup de cas, indiquer avec quelque précision l'époque à laquelle ils appartiennent. D'abord ces arcs sont en plein cintre,

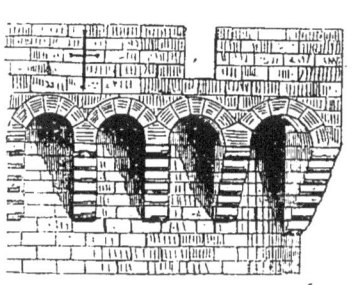 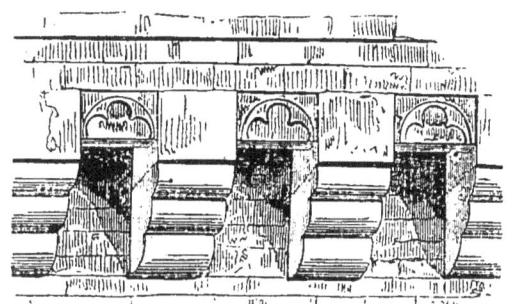

Fig. LX. Machicoulis de l'enceinte d'Avignon. Fig. LXI.

Puis en ogive en tiers-point,

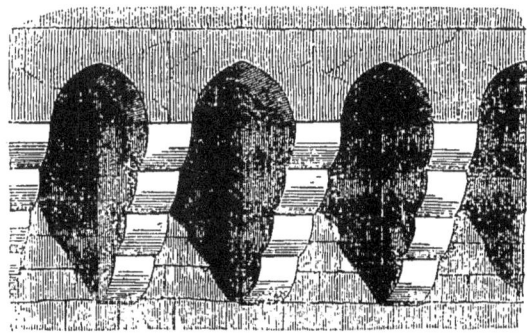

Fig. LXII.

Ensuite en ogive à contre-courbe,

ARCHITECTURE MILITAIRE.

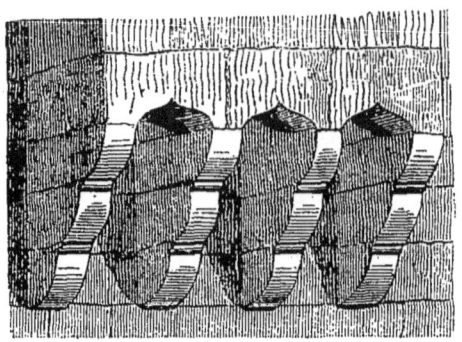

Fig. LXIII.

enfin ils reviennent au plein cintre,

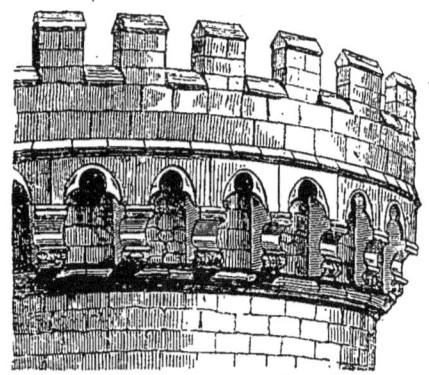

Fig. LXIV. Machicoulis du château de Mehun.

Souvent les machicoulis reçoivent des moulures et des sculptures, et deviennent dans les constructions civiles un simple motif d'ornementation.

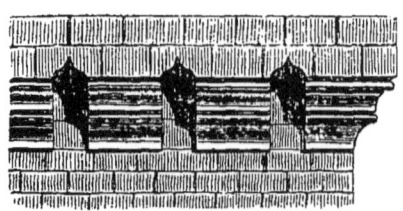

Fig. LXV. Machicoulis de la rue Saint-Sauveur, à Paris.

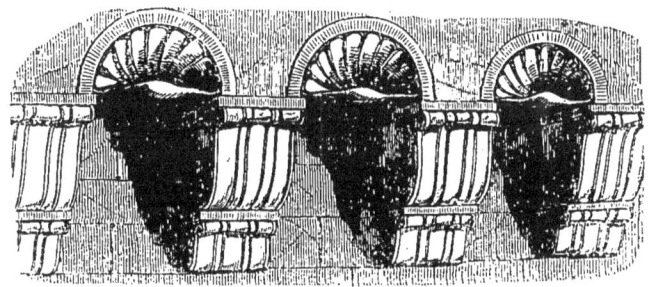

Fig. LXVI. Machicoulis de la porte de Joigny.

HOURDS.

En cas de siége, pour augmenter la hauteur des tours ou pour suppléer à l'insuffisance de leurs couronnements, on élevait des échafauds en bois, sur lesquels se tenaient les hommes d'armes. Dans beaucoup de forteresses anciennes, des trous ou des corbeaux, disposés dans la maçonnerie de distance en distance, paraissent avoir servi à soutenir ces échafauds, que l'on plaçait aussi, comme il semble, à l'extérieur des murailles qui n'avaient point de machicoulis. C'est peut-être à ces charpentes improvisées que les machicoulis en pierre ont dû leur origine. Le nom de ces échafauds était *hourd, hurdel,* en latin *hurdicium.* Le verbe *hurdare* exprime l'action d'employer ce moyen de défense [1].

---

[1] Du Cange traduit à tort, ce nous semble, le mot *Hurdicium* par *Cratis lignea qua obducebantur mœnia, ne ab arietibus læderentur.* Les citations suivantes peuvent indiquer plus exactement le sens de cet mot.

        Hurdari turres et propugnacula, muros
        Subtus fulciri facit...... (Phil.)

Les mots *propugnacula* et *turres* indiquent des échafauds placés au sommet des remparts, très-différents des dispositions de défense de la partie basse des murailles, *étayées en dessous.*

« Attornati sunt 4 homines ad unum quemque *quarnellum* custodiendum et *hurdandum.* » (Charte citée par Du Cange, voyez le mot *Hurdicium.*)

        Par trois fois fut évidemment monstrée (la sainte Véronique)
        A tout le peuple en moult grant révérence.

La figure XVIII *bis* nous a déjà montré un exemple de ces *hourds*. La figure suivante paraît représenter également ce système de fortifications en bois, que l'on établissait en temps de siége.

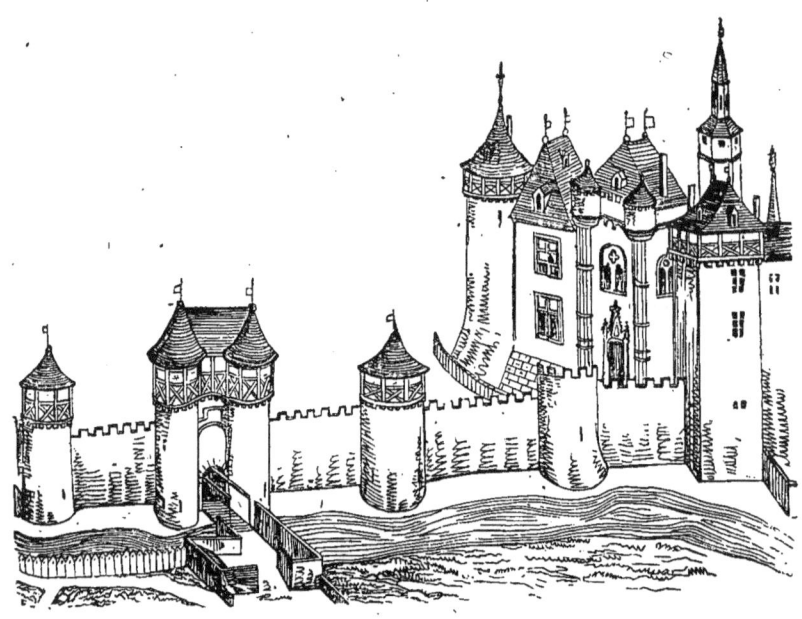

Fig. LXVII. Enceinte de la ville de Moulins.

PLATES-FORMES, TOITS, ETC.

Ainsi qu'on l'a vu précédemment, les tours étaient les parties de la fortification qui contribuaient le plus efficacement à la défense d'une forteresse. Leur sommet devait donc recevoir un certain nombre d'hommes, ainsi que des machines et des provisions de pierres et d'autres projectiles. Aussi les tours étaient-elles couvertes par des terrasses, soit voûtées, soit sou-

> Par un évesque sus un hourt à l'entrée
> De Saint-Pierre.
>
> (Saint-Gelais. V. du Cange : *Hurdicium*.)

tenues par une forte charpente. Malgré le danger du feu, beaucoup de tours n'avaient que des plates-formes en bois.

Les tours furent quelquefois couvertes de toits coniques, les uns portés sur le sommet des créneaux,

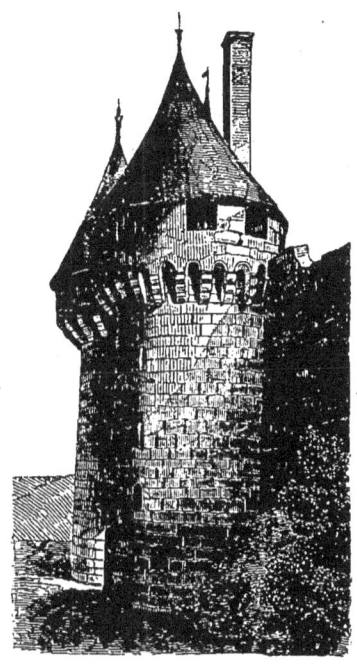

Fig. LXVIII. Tours du château de Nogent-le-Rotrou.

les autres disposés en arrière, de manière à laisser un passage libre autour du parapet.

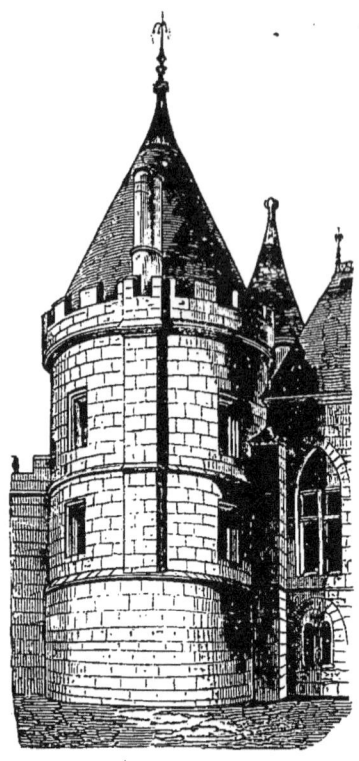

Fig. LXIX. Tour du palais de Justice, à Paris.

Ailleurs, une galerie circulaire, percée de nombreuses fenêtres, tenait lieu de plate-forme, et, comme dans les exemples précédents, la tour était surmontée par un toit conique.

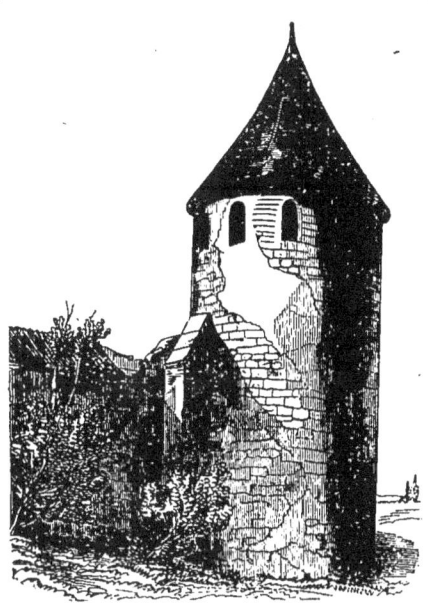

Fig. LXX. Tour de Semur.

Au reste, nous avons lieu de croire que ces toits coniques sont rarement des dispositions originelles, et nous pensons qu'on en trouverait difficilement des exemples avant le XVe siècle.

Sur le sommet des tours, et parfois sur les courtines, notamment aux angles saillants d'une enceinte, on trouve souvent de petites guérites en pierre, destinées à abriter les sentinelles chargées d'observer les mouvements de l'ennemi par des ouvertures percées de tous les côtés. On appelle échauguettes ces petites constructions, ordinairement de forme ronde, et terminées par une calotte revêtue de dalles.

ARCHITECTURE MILITAIRE.

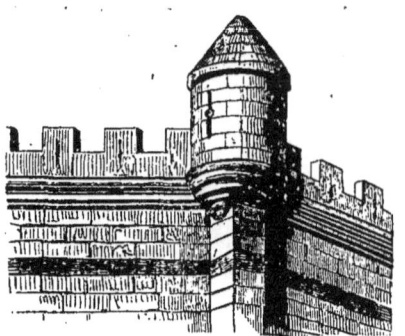

Fig. LXXI. Échauguette.

Il faut se garder de les confondre, soit avec les lanternons qui surmontent les cages d'escalier, et qui ont pour but d'empêcher la pluie de tomber dans l'intérieur,

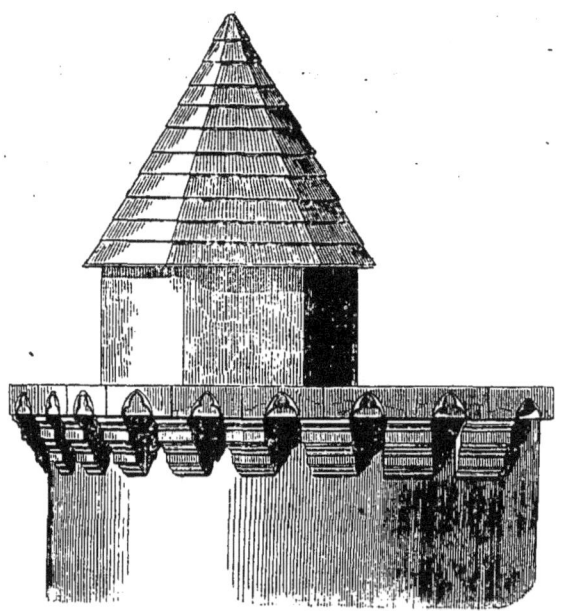

Fig. LXXII. Lanternon au-dessus d'un escalier.
(Tour Saint-Michel, à Saumur.)

soit avec les *tourelles*, placées aux angles des tours, et remplissant à l'égard de ces dernières le même office que celles-ci rendent aux murailles de l'enceinte. (Voir les figures XXIV et XXVII.) D'ordinaire, les échauguettes avancent en encorbellement hors du rempart, afin de permettre aux sentinelles d'en voir le pied.

Enfin, sur les plates-formes des tours, et surtout sur la tour la plus élevée, celle qu'on appelait la *guette,* il y avait une cloche, que l'on sonnait en cas d'alarme. Souvent la cloche était remplacée par un cornet ou oliphant, peut-être aussi par un porte-voix avec lequel on annonçait la présence de l'ennemi.

7. COURTINES.

On appelle courtine la partie du rempart comprise entre deux tours.

Les courtines sont les portions de l'enceinte où se rencontrent en moindre nombre les moyens de défense, le voisinage des tours suffisant pour les protéger. Au sommet un passage étroit, ou chemin de ronde, permet de circuler le long des remparts, et communique à des escaliers ou même à des plans inclinés qui conduisent dans la cour intérieure. (Voir le § 6.)

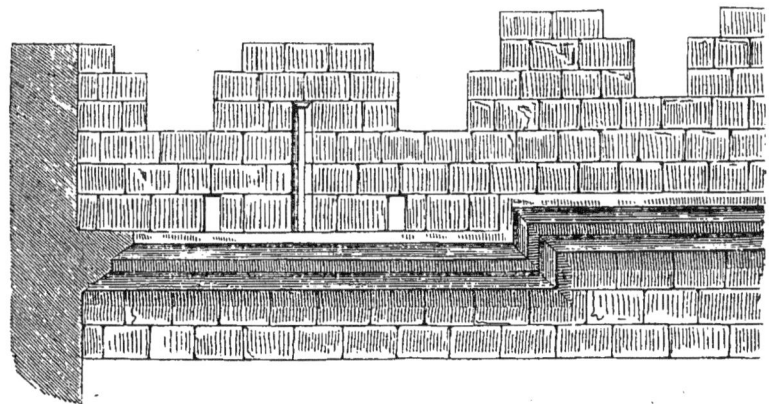

Fig. LXXIII. Courtine du château de Beaucaire.

Quelquefois, mais rarement, c'est une espèce de galerie couverte qui sert de chemin de ronde; très-souvent on ne voit aucun vestige de passage, soit qu'il n'y en ait jamais existé, soit qu'il ait consisté en un échafaudage en charpente. La difficulté qu'offrait l'attaque des courtines explique d'ailleurs l'espèce de négligence qu'on a mise à les fortifier. Il est extrêmement rare de trouver un parapet au chemin de ronde du côté qui regarde l'intérieur de la place, et cependant ce chemin de ronde est en général si étroit, que l'on a peine à comprendre comment les soldats qui le bordaient pouvaient faire usage de leurs armes; toute chute devait être mortelle. On en doit conclure que des échafaudages temporaires remédiaient à cet inconvénient pendant les siéges.

On a remarqué sans doute que la base de certaines courtines, de même que celle de quelques tours, formait un plan incliné. Le but de cette disposition paraît avoir été d'augmenter la force des murs sur le point où l'on pouvait les saper, et en outre de faire ricocher avec force les projectiles que l'on jetait par les machecoulis. (Voir les figures XXXVI, XXXVII et LIX.)

On voit, dit-on, dans les murs de quelques courtines, des arcades figurées à l'extérieur, qui, suivant un antiquaire anglais, n'auraient eu d'autre destination que de donner le change à l'assiégeant. Ces arcades devaient simuler à ses yeux d'anciennes ouvertures récemment bouchées, et lui faire penser naturellement que, sur ce point, la résistance de la maçonnerie, serait moindre[1]. De la sorte on prétendait l'engager à diriger ses attaques précisément du côté où il devait trouver les plus grands obstacles. Nous signalons à nos correspon-

---

[1] Ne s'agirait-il pas, en effet, d'anciennes brèches bouchées? On en voit un exemple

dants cette observation que nous n'avons point été à même de vérifier, et qui peut conduire à la découverte d'autres faits du même genre.

On ne peut guère établir de règle constante pour l'espacement qu'il convenait de donner aux tours les unes par rapport aux autres, seulement il paraît que, dans l'opinion des anciens ingénieurs, leur rapprochement ajoutait à la force d'une place. Le moine de Marmoutier, pour donner une idée d'un château imprenable, et dont il attribue la construction à Jules-César, décrit des tours tellement rapprochées, qu'entre elles il y avait à peine la longueur d'une pique. Enfin Richard Cœur-de-Lion composa le donjon de Château-Gaillard de segments de cercle presque tangents l'un à l'autre. C'est une muraille *bosselée*, ainsi que la nomme très-heureusement M. Deville dans son excellente monographie sur cette forteresse.

au donjon de Chauvigny (Vienne). La brèche faite par le canon a été bouchée avec des briques disposées en arête de poisson.

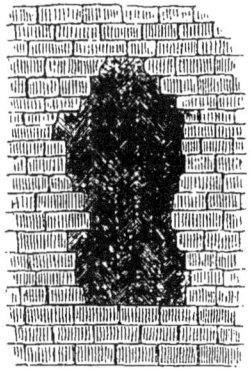

Fig. LXXIV. Ancienne brèche
au donjon de Chauvigny.

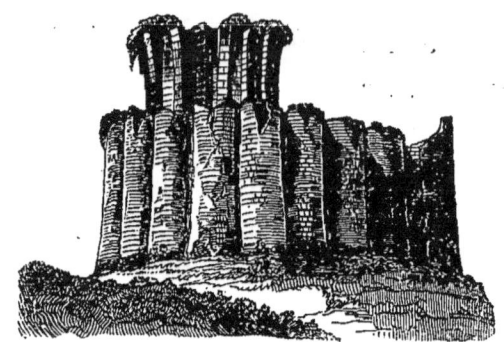

Fig. LXXV. Donjon du Château-Gaillard.

En résumé, on multipliait les tours sur les points présumés faibles, tandis que la muraille d'enceinte passait pour une défense suffisante là où la nature offrait à l'ennemi des obstacles matériels qui rendaient ses attaques peu probables. En pays de plaine, nous avons remarqué plus d'une fois que les tours sont assez près les unes des autres pour que les soldats placés dans deux tours voisines pussent lancer leurs traits sur toute la courtine intermédiaire. On peut évaluer cette distance à trente mètres environ, ce qui est à peu près la portée d'une flèche ou celle d'une pierre lancée à la main d'un lieu élevé[1]. A mesure que les armes de jet se perfectionnèrent, l'espacement des tours devint plus considérable; en sorte qu'on pourrait tirer de cet espacement quelques inductions sur l'âge d'une forteresse; mais nous nous empressons de déclarer ici que les renseignements de cette espèce ne doivent être admis qu'avec une grande réserve.

Nous avons dit plus haut que la hauteur des tours variait à l'infini. Tantôt, en effet, elles dépassent à peine les remparts qu'elles flanquent; et c'est le cas fort souvent pour

---

[1] « Ne longius sit alia ab alia (turris) sagittæ missione. » (Vitr. I, 5.)

celles qui sont placées le long d'une courtine en ligne droite et d'une certaine étendue. Tantôt elles s'élèvent à une hauteur considérable, et c'est surtout aux angles saillants d'une enceinte qu'on leur donne le plus d'élévation. On peut dire, en général, que, la hauteur d'une tour donnant de la force aux ouvrages voisins, on a muni de la sorte les parties de l'enceinte qui paraissaient les plus exposées ou les plus faibles.

Lorsque les tours sont plus hautes que le rempart qui les lie les unes aux autres, la communication entre les différentes parties de l'enceinte a lieu, soit par un passage couvert ou découvert qui contourne la tour et continue le chemin de ronde, soit au travers des chambres des tours, dont le plancher est alors à la hauteur du chemin de ronde qui règne le long des courtines. Ce n'est point, au reste, une règle absolue; car quelquefois cette communication n'existe point, et, pour passer d'une tour à une autre, il faut descendre dans la cour intérieure, où viennent aboutir tous les escaliers. Le motif de cette disposition a été, sans doute, d'isoler les tours et d'en faire comme autant de forteresses indépendantes.

Les escaliers qui conduisent aux remparts sont ordinairement placés à l'intérieur des tours[1]. Ils sont faciles à défendre étant fort étroits, et fermés par des portes basses et solides, en sorte que l'assaillant, maître d'une tour ou d'une partie des courtines, eût encore beaucoup de difficultés pour déboucher dans l'intérieur de la place.

On observe encore, mais plus rarement, les escaliers appliqués contre les courtines. Nous doutons que l'on trouve des exemples de cette dernière disposition avant le xiv° siècle.

---

[1] « Itinera sint interioribus partibus turrium contignata, neque ea ferro fixa. Hostis
« enim si quam partem muri occupaverit, qui repugnabunt, rescindent, et si celeriter ad-

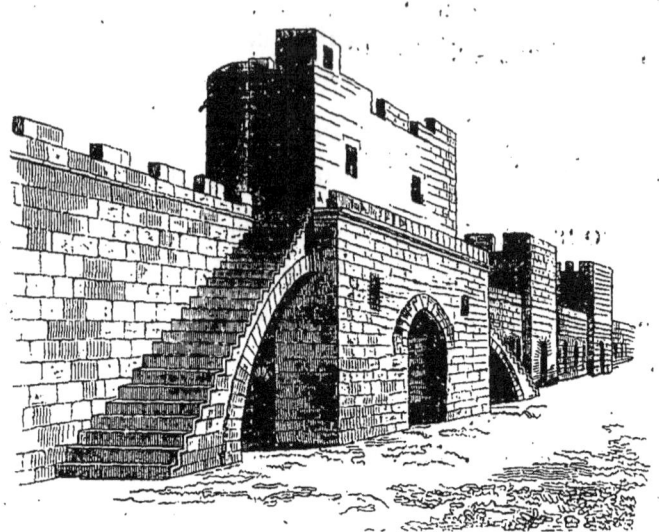

Fig. LXXVI. Remparts d'Aiguesmortes.

La plupart des escaliers des tours sont en spirale, d'où leur vint leur nom de *vis* au moyen âge. Rarement deux personnes de front y monteraient facilement. Quelquefois l'escalier ne conduit pas jusqu'à l'étage supérieur, destiné généralement à servir de logement à un personnage de marque. On n'y accédait qu'au moyen d'une échelle qui se retirait dans la chambre supérieure. Nous retrouverons ces dispositions de défense intérieure reproduites avec un surcroît de prudence dans les donjons.

On a vu que les tours servaient de logements et de magasins. Dans les constructions exécutées avec soin, et, si l'on peut s'exprimer ainsi, avec luxe, les étages sont voûtés; mais les planchers en bois étaient d'un usage beaucoup plus fréquent. Tantôt les poutres qui les soutiennent s'appuient sur des corbeaux saillant à l'intérieur, tantôt elles s'engagent dans

---

« ministraverint non patientur reliquas partes turrium murique hostem penetrare, nisi
« se voluerit præcipitare. » (Vitr. I, 5.)

des cavités ménagées à cet effet dans la maçonnerie. (Voir, pour compléter cet article, le § 10.)

8. FENÊTRES, MEURTRIÈRES.

Nous n'avons point à nous occuper ici des renseignements que peuvent fournir les formes caractéristiques de quelques ouvertures, telles que l'ogive, le plein cintre, les fenêtres carrées avec meneaux en croix. Nous ne nous attacherons qu'aux dispositions propres à l'architecture militaire.

Toutes les ouvertures pratiquées dans le mur d'enceinte d'une place de guerre sont fort étroites. On ne voit de fenêtres, à proprement parler, qu'à une hauteur telle que les traits de l'ennemi y soient peu à craindre. Beaucoup de tours et de courtines n'offrent même pas d'ouvertures donnant sur la campagne.

Il faut d'abord prémunir les observateurs contre les inductions qu'ils seraient tentés de tirer de la forme des ouvertures étroites connues sous le nom de *meurtrières*. De ce qu'un château a des meurtrières ou des embrasures évidemment destinées à des armes à feu, l'on ne doit pas conclure que la construction de cette forteresse soit postérieure à l'usage de l'artillerie. En effet, il est toujours facile de percer une muraille, et lorsque les armes à feu commencèrent à jouer un grand rôle dans les siéges, on s'empressa de faire aux anciennes fortifications les travaux nécessaires pour le service des canons et des arquebuses. Il faut donc, avant tout, observer avec le plus grand soin si les meurtrières que l'on étudie sont de construction primitive ou si elles ont été ajoutées.

On peut distinguer quatre espèces de meurtrières dans l'épaisseur des remparts d'une place fortifiée; ce sont:

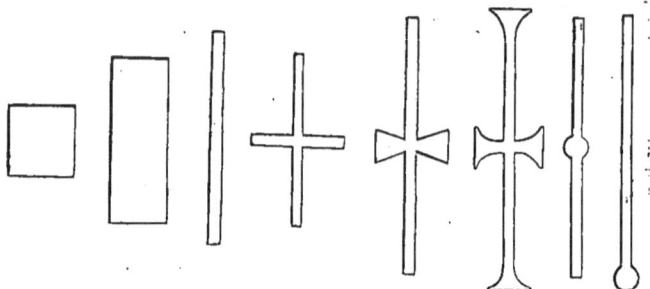

Fig. LXXVII. Meurtrières.

1° Des trous carrés toujours très-étroits, quelquefois un peu plus longs que larges;

2° De longues fentes verticales, hautes de trois à six pieds et plus, très-étroites à l'extérieur, s'élargissant à l'intérieur, terminées à leur sommet par une portion d'arc, que vient quelquefois interrompre à l'intérieur la partie supérieure de la paroi où la meurtrière est pratiquée (voir les fig. LXXVIII et LXXIX);

3° Des fentes semblables aux précédentes, mais moins longues, traversées par une fente horizontale : même disposition intérieure;

4° Des fentes dont le centre ou la partie inférieure est agrandie et présente un trou circulaire : même disposition intérieure.

Les premières ouvertures, n° 1, ne paraissent pas avoir eu d'autre usage que celui de donner du jour et de l'air, et peut-être d'observer l'ennemi à couvert.

Les dernières, n° 4, semblent avoir été, sinon construites, du moins disposées pour des armes à feu, et, lorsque le trou rond est placé au bas de la fente, et qu'il a de certaines dimensions, on peut conclure qu'il a servi à une pièce d'artillerie.

Quant aux fentes verticales, n° 2, et aux ouvertures en croix, n° 3, on considère ordinairement les premières comme destinées au tir de l'arc, et les secondes à celui de l'arbalète[1]. Or l'usage de cette dernière arme s'étant introduit en France vers la fin du XIIe siècle[2], on pourrait, de la forme des meurtrières, tirer des conclusions sur l'époque de la bâtisse à laquelle elles appartiennent, si toutefois l'opinion que nous venons de rapporter était fondée. Malheureusement ce point reste encore sujet à bien des doutes.

Hâtons-nous de dire qu'il existe des preuves que, bien avant l'invention des armes à feu, les longues fentes pratiquées dans les murs des places fortes ont servi à lancer des traits[3]. Mais quelle était l'arme au moyen de laquelle on lançait ces traits, voilà ce qu'il est plus difficile de déterminer qu'on ne le pourrait croire d'abord. La plupart des ouvertures que nous avons appelées meurtrières, d'après l'usage général, sont percées dans des murs souvent épais de sept ou huit pieds, et en s'avançant aussi loin que le lui aurait permis le rétrécissement de la muraille, du côté de l'ouverture extérieure, l'archer qui voulait décocher une flèche ne pouvait guère s'approcher assez pour bien ajuster et manier commodément

---

[1] Quelques archéologues nomment les premières *archères*, les secondes *arbalétrières*.

[2] L'arbalète a été défendue *entre chrétiens* au deuxième concile de Latran, en 1139. Guillaume le Breton rapporte que, de son temps, les Français n'en faisaient encore que peu d'usage:

> Francigenis nostris, illis ignota diebus
> Res erat omnino quid balistarius arcus,
> Quid balista foret.
> (Phil. Lib. II, 315. V. Deville, *Chât.-Gaillard.*)

[3] Un passage de Guillaume le Breton, ne laisse point de doute à cet égard :

> .... Facit aptarique fenestris
> Strictis et longis, ut strennus arte latenti
> Immittat lethi prænuntia tela satelles.

son arme. On comprend qu'il ne découvrait que l'ennemi placé exactement dans l'axe de la meurtrière, en sorte qu'il lui eût été à peu près impossible de tirer sur un homme en mouvement. On observe encore que la hauteur de la meurtrière est rarement assez grande pour qu'on puisse bander un arc dans l'intérieur de son embrasure. L'arc le plus court avait au moins cinq pieds; il aurait donc fallu que la meurtrière eût plus de huit pieds de haut, car, pour tirer, l'archer élevait le milieu de son arc au niveau de son œil. Si l'on suppose, au contraire, que l'archer pour tirer, restait hors de l'embrasure de la meurtrière, il courait le risque de frapper de sa flèche l'une ou l'autre paroi oblique de cette embrasure. En outre, comment pouvait-il juger alors de la distance de son ennemi, condition absolument essentielle pour lancer une flèche. Ajoutons encore qu'on rencontre souvent des meurtrières fort exhaussées au-dessus de l'aire de la salle où elles sont pratiquées, et qu'on ne peut découvrir la campagne qu'en montant un escalier de plusieurs marches dans l'intérieur de l'embrasure.

Même observation pour les meurtrières en croix, dont la plupart sont d'ailleurs tellement étroites qu'elles ne laisseraient pas de place au jeu de l'arc de l'arbalète, lequel est horizontal, comme on sait.

Il faut donc admettre que la plupart de ces meurtrières, quelle qu'en soit la forme, ont servi à des armes à feu, ou bien à une espèce de machine qui nous est inconnue, ou bien encore, ce qui est plus probable, que, dans le plus grand nombre de cas, elles n'ont eu d'autre destination que de donner de la lumière et de l'air, sans compromettre la sûreté des habitants d'une place de guerre.

Ce n'est au reste que par une suite d'observations appuyées

par de bons dessins et des mesures exactes qu'on peut arriver à des conclusions définitives, et nous ne pouvons que recommander ce point à toute l'attention de nos correspondants.

Quelle que fût la destination de ces ouvertures, il est important de remarquer les précautions prises par les ingénieurs pour qu'elles ne servissent point de passage aux traits de l'ennemi. On a vu qu'elles sont souvent élevées au-dessus de l'aire des étages qu'elles éclairent ou qu'elles défendent. Leur amortissement, en outre, est formé par une portion de voûte dont la courbe est calculée de façon à rencontrer toujours un trait lancé d'en bas et de l'extérieur, à la portée ordinaire :

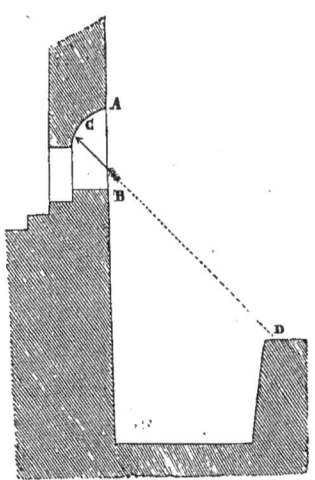 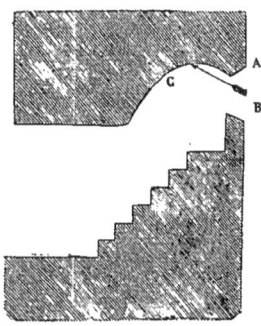

Fig. LXXVIII. Coupe d'une meurtrière. Fig. LXXIX. Coupe d'une meurtrière.

soit A B, le mur où la meurtrière C A B est percée ; C A est la portion de voûte qui forme son amortissement ; D est le point d'où l'ennemi peut lancer ses traits. On voit que la voûte C A empêchera qu'ils n'arrivent de but en blanc à l'intérieur, et sa courbe même contribuera à les faire retomber dans l'embrasure, au lieu de leur permettre de ricocher dans l'intérieur.

Avant de terminer cet article, nous devons dire un mot des latrines disposées en général à une grande hauteur et toujours en encorbellement au-dessus du fossé. On les plaçait ordinairement dans des tours, et dans des angles rentrants, afin qu'elles fussent moins exposées; et, pour que l'assiégeant ne pût s'introduire par ces ouvertures, on prenait soin d'en défendre l'orifice extérieur par des barres de fer transversales.

9. COURS INTÉRIEURES.

Le terrain enclos par les remparts d'une forteresse se nommait la *basse-cour*.

Là se trouvaient les dépendances du château, les magasins, les écuries, quelques logements et souvent la chapelle. Tous ces bâtiments étaient placés hors de la portée du trait, lorsque les dimensions de la basse-cour pouvaient s'y prêter; dans le cas contraire, on les adossait aux murs de l'enceinte du côté de l'attaque présumée, afin que les projectiles qui dépasseraient la crête des murailles allassent se perdre dans le vide en achevant leur trajet.

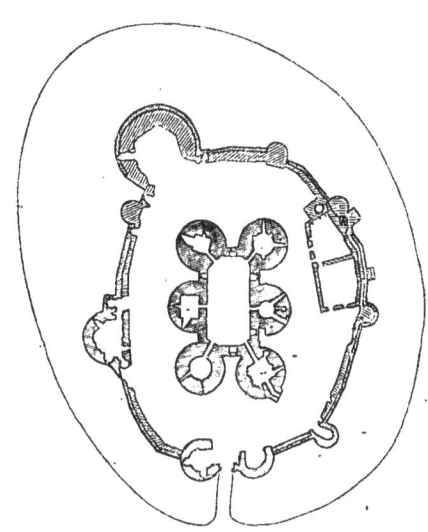

Fig. LXXX. Plan du château de Blanquefort (xiiie siècle).

Lorsque la chapelle n'était point un bâtiment séparé, on la plaçait dans une tour, souvent à un étage fort élevé. On en peut voir un exemple dans le château d'Arques et dans celui de Chauvigny.

La basse-cour renfermait une mare et des citernes ou des puits. Quelquefois on a fait des travaux immenses pour arriver au niveau de l'eau; on conçoit en effet que, faute d'un puits suffisant, la meilleure position n'eût pas été tenable.

Un grand nombre de châteaux ont des basses-cours si étroites qu'elles ne paraissent pas avoir renfermé des bâtiments d'habitation. Construits dans des lieux inaccessibles aux chevaux, la plupart n'avaient pas besoin d'écurie, et la garnison, qui rarement était nombreuse, se logeait facilement dans les tours de l'enceinte ou dans le donjon.

10. DONJONS.

Il n'y a point d'emplacement fixe pour le donjon d'une forteresse. On peut dire en général qu'on choisissait de préférence le lieu le plus élevé et d'accès le plus difficile. Tantôt le donjon s'élève au milieu de l'enceinte (voir la figure précédente), tantôt il est tangent aux remparts,

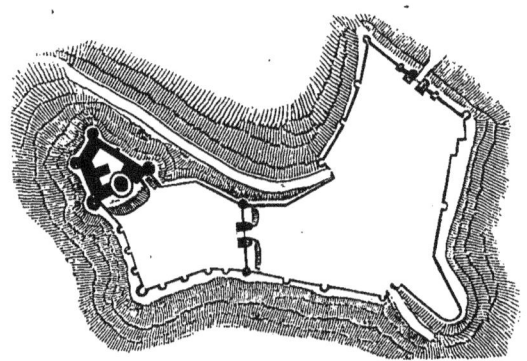

Fig. LXXXI. Château de Coucy.

tantôt il en est complétement isolé,

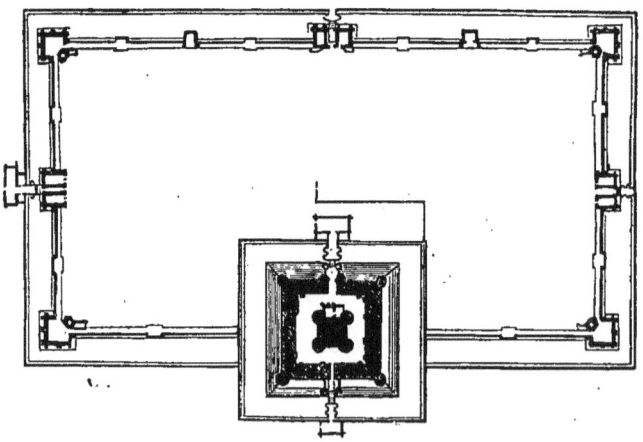

Fig. LXXXII. Château de Vincennes.

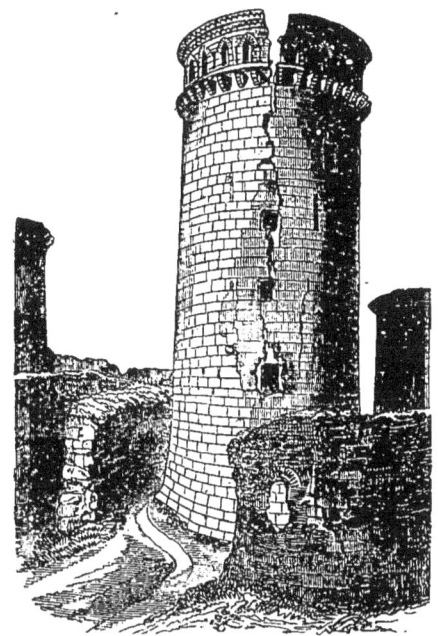

Fig. LXXXIII. Donjon de Coucy.

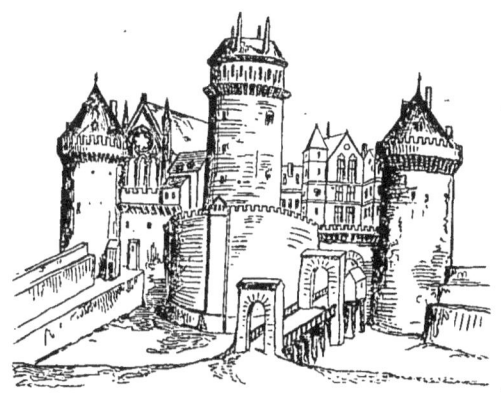

Fig. LXXXIV. Château de Coucy.

L'étendue et les dimensions du donjon sont toujours proportionnées à celles de l'enceinte dont il doit compléter la défense. Quelquefois c'est une citadelle avec tours et courtines, renfermant une basse-cour et de nombreux bâtiments. (Voir la fig. LXXXII.) Quelquefois aussi, et c'est le cas le plus ordinaire, le donjon consiste en une haute tour, séparée de la basse-cour par un fossé avec pont-levis, souvent élevée sur une base conique artificielle et toujours fort escarpée. Ailleurs, enfin, on donne le nom de donjon à une tour plus forte que les autres et sans communication avec le rempart.

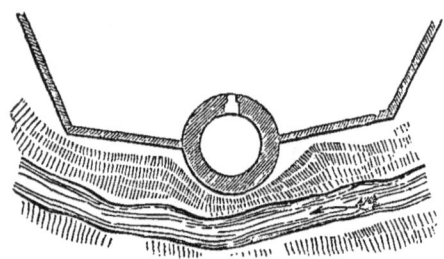

Fig. LXXXV. Tour d'Alluye.

De ces trois espèces de donjons, la première se trouve dans les villes et dans quelques vastes châteaux destinés à recevoir une garnison nombreuse.

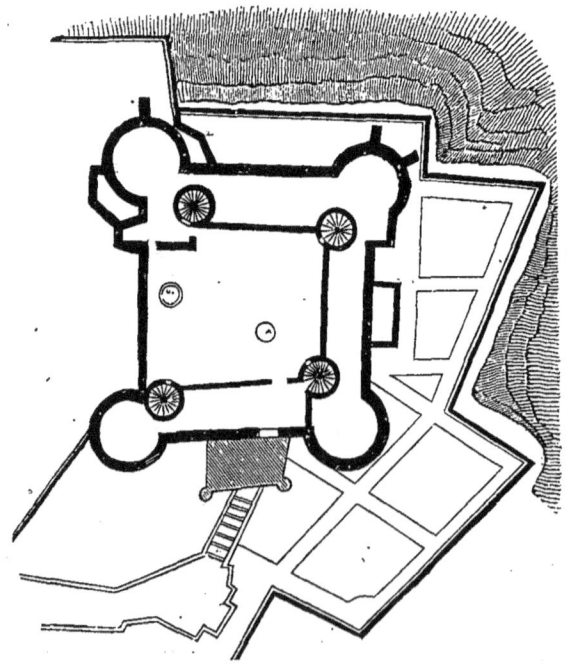

Fig. LXXXVI. Château de Saumur.

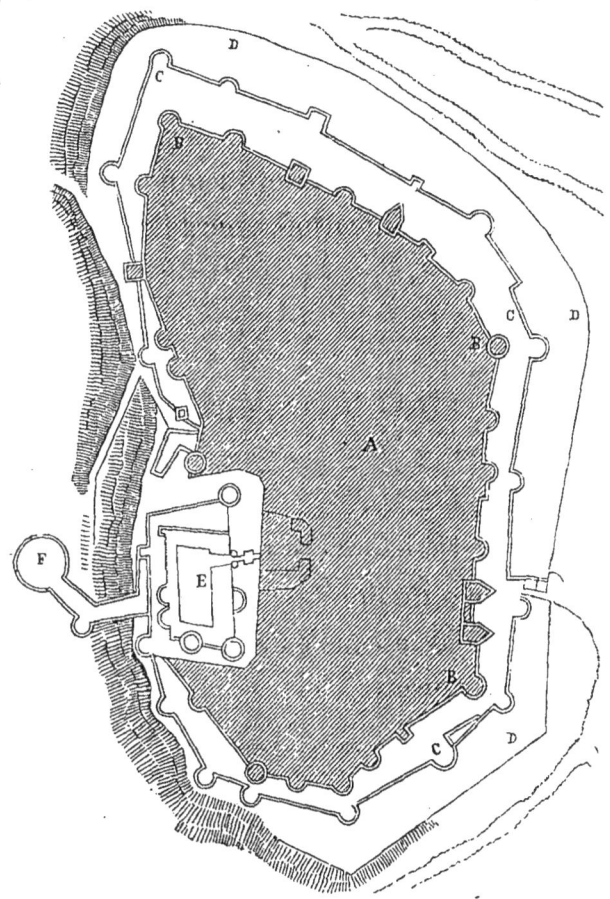

Fig. LXXXVII.-Ville et château de Carcassonne.

    A ville,
    B enceinte intérieure,
    C enceinte extérieure,
    D fossé,
    E château,
    F poterne.

La seconde s'applique à toutes les forteresses seigneuriales, particulièrement aux plus anciennes; enfin la dernière peut être considérée comme une sorte de palliatif destiné à remplacer le donjon dans des circonstances exceptionnelles.

Les défenses extérieures des donjons ne donneront lieu à presque aucune observation nouvelle. Elles peuvent consister dans un fossé, des lignes de palissades, un système de tours et de courtines, etc. En un mot, on peut considérer le donjon comme une place renfermée dans une autre et n'en différant que par les dimensions.

On doit pourtant noter ici quelques dispositions qui, si elles ne sont pas caractéristiques et uniquement applicables aux donjons, s'y rencontrent du moins assez fréquemment pour que nous nous arrêtions à les examiner.

Rarement, on le sait, les donjons étaient assez vastes pour renfermer une garnison nombreuse. Lorsque les défenseurs d'une place de guerre se retiraient dans ce dernier asile, ils avaient fait des pertes pendant le siége, et l'espoir de prolonger la résistance était fondé, moins sur le nombre des combattants, que sur la force et la hauteur de leurs murailles. Le donjon n'avait donc point de vastes logements et ne recevait presque jamais de chevaux. Tous les moyens de défense étaient calculés pour une petite troupe d'infanterie; en conséquence sa porte était fort étroite, et fréquemment placée à une hauteur telle que l'ennemi n'y pût parvenir que par une escalade périlleuse; souvent même il n'y avait point de porte à proprement parler, et l'on n'entrait que par une fenêtre au moyen d'une longue échelle, ou bien d'une espèce de panier qu'on élevait et qu'on abaissait avec des poulies. Quelquefois encore, un escalier étroit et roide conduisait à l'entrée, toujours fort élevée au-dessus du sol.

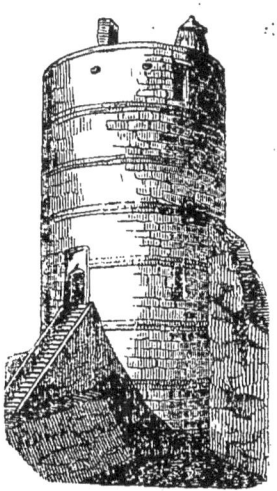

Fig. LXXXVIII. Tour du château de Fougères.

Exposé à tous les projectiles des plates-formes, dominé par les machicoulis, l'assiégeant pouvait rarement, on le conçoit, essayer une attaque de vive force [1]. Un grand nombre de don-

---

[1] On voit un exemple ancien de ces escaliers extérieurs dans le donjon d'Alluye (Eure-et-Loir.) Ils sont encore très-communs en Corse, et étaient même usités dans les constructions civiles du siècle dernier.

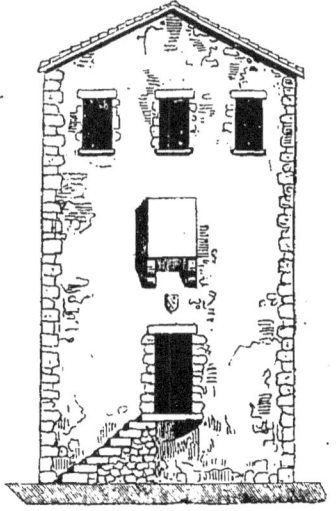

Fig. LXXXIX. Maison de Sollacaro (Corse).

jons, même fort vastes, n'ont jamais eu de portes. Nous avons observé un exemple curieux de ce système dans le château de Mauvoisin (Hautes-Pyrénées), dont l'enceinte intérieure est un carré qui n'a pas moins de 110 mètres de côté.

Avant l'invention de la poudre, les moyens de défense étaient bien supérieurs aux moyens d'attaque, aussi les châteaux fortifiés par des ingénieurs habiles n'étaient pris en général que par un blocus, ou bien par une surprise; contre ce dernier danger on avait accumulé plusieurs moyens de résistance faciles à employer par quelques hommes contre une troupe nombreuse. C'est ainsi que le passage des escaliers conduisant aux salles intérieures était barricadé par des grilles ou des portes solides, défendu par des machicoulis et des meurtrières, interrompu quelquefois par des lacunes dans les marches; lacunes qu'on ne pouvait franchir que sur une espèce de pont mobile. Enfin des boules de pierres d'un diamètre considérable, placées en réserve dans les palliers supérieurs, pouvaient être roulées dans les escaliers de manière à obstruer le passage et à renverser même un ennemi victorieux[1].

Si le donjon a quelque étendue, il renferme lui-même un réduit destiné à offrir, après la prise du donjon, le refuge que le donjon devait donner aux défenseurs du château dont il dépendait. Ce réduit est une tour, plus forte que les autres, qu'on appelle tantôt *maîtresse tour* en raison de ses dimensions, tantôt tour du *belfroi* ou *beffroi*, parce que la cloche d'alarme y était placée d'ordinaire[2]. Nous ne nous occuperons ici que

[1] On trouve de semblables boules de pierre dans beaucoup de châteaux; mais leur usage n'est pas absolument certain. Nous avons rapporté l'opinion la plus accréditée, mais il serait possible que ces espèces de boulets eussent été destinés à être lancés par des machines ou même par des bouches à feu.

[2] Dans le Midi, on donne souvent à cette tour les noms de *tourasse*, *tourillasse*, et même *trouillasse*, par antiphrase.

de cette tour, car, ainsi qu'on l'a dit plus haut, les fortifications du donjon n'offrent que la reproduction réduite de celles de l'enceinte extérieure.

La maîtresse tour a presque toujours son escalier disposé de manière à ne point rétrécir l'aire des appartements intérieurs. De là l'usage de renfermer cet escalier dans une tourelle accolée à la tour principale. (Voir fig. XC.) L'épaisseur de l'enveloppe ou cage de l'escalier, étant généralement moindre que celle des autres murs, on la plaçait sur le point où les machines de l'ennemi étaient le moins à craindre. Très-souvent l'escalier ne conduit pas à l'étage supérieur; il s'arrête à un pallier, et pour monter plus haut, on se servait d'une échelle qu'on retirait à l'intérieur. Cette disposition, autant que nous en avons pu juger, est plus fréquente dans le Midi que dans le Nord. Dans les Pyrénées et en Corse, elle est pour ainsi dire générale. Le logement que le pape Pierre de Luna occupa au château d'Avignon est ainsi séparé des salles inférieures du même château.

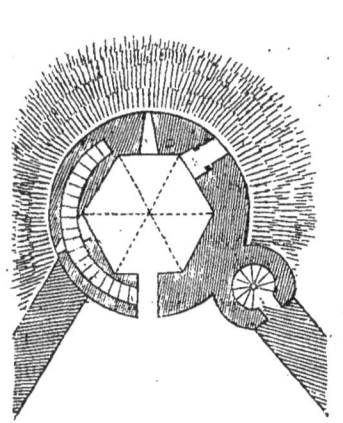

Fig. XC. Tour de Montlhéry.

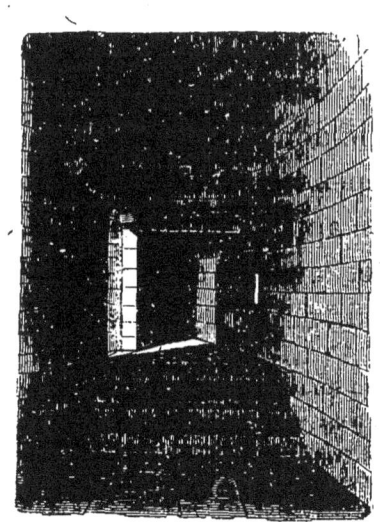

Fig. XC bis.

L'escalier, en raison de ses dimensions très-resserrées, ne pouvait guère servir à porter aux étages supérieurs les armes et les provisions dont on avait besoin. Pour obvier à cet inconvénient, on avait coutume de laisser un vide assez grand dans les voûtes ou les planchers des différents étages, et par cette ouverture on montait les objets dont on avait besoin, de la même manière qu'on transporte sur le pont d'un vaisseau les provisions contenues dans sa cale.

Le rez-de-chaussée de la tour servait de magasin, et comme en général, il n'y avait point de porte à cette hauteur, on n'y accédait que par l'ouverture dont on vient de parler, ou par un escalier spécialement destiné à ce service. D'ailleurs les salles basses étaient à peu près inhabitables en raison de l'obscurité qui y régnait, car c'est à peine si l'on osait y percer d'étroites meurtrières. Ces salles cependant contiennent souvent le four à cuire le pain; en outre, des cabinets en communication avec elles servaient de cachot au besoin, car c'était toujours dans les donjons que l'on renfermait les prisonniers d'importance. Quelquefois il y a sous la salle basse un ou plusieurs étages souterrains. Nous y reviendrons tout à l'heure.

Destinées à loger le propriétaire du château, les salles supérieures de la maîtresse tour étaient décorées fréquemment avec luxe et élégance, et c'est là surtout que l'on peut trouver ces ornements qui caractérisent les époques de construction. Presque toutes ont de vastes cheminées à chambranles énormes surmontées d'un manteau conique. Les voûtes sont ornées souvent de clefs pendantes, d'écussons, de devises ou de peintures. De fort petits cabinets pratiqués dans l'intérieur des murailles sont attenants à ces salles. La plupart servaient de chambres à coucher. (Voir fig. XLII, plan de la tour Blanche d'Issoudun.)

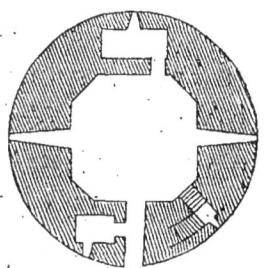

Fig. XCI.

En général le logement du châtelain est à une fort grande hauteur, soit pour être plus à l'abri d'une surprise, soit surtout pour être hors de l'atteinte des projectiles de l'ennemi. Les fenêtres, presque toujours irrégulièrement percées, ne se correspondent pas d'étage à étage[1]. Pratiquées dans des murs très-épais, leurs embrasures forment comme autant de cabinets élevés d'une marche ou deux au-dessus du plancher de la salle qu'elles éclairent. Des bancs de pierre règnent de chaque côté. C'était la place ordinaire des habitants de la tour, lorsque le froid ne les obligeait pas à se rapprocher de la cheminée.

---

[1] On craignait sans doute d'affaiblir les murailles en y perçant des ouvertures sur la même ligne.

ARCHITECTURE MILITAIRE. 69

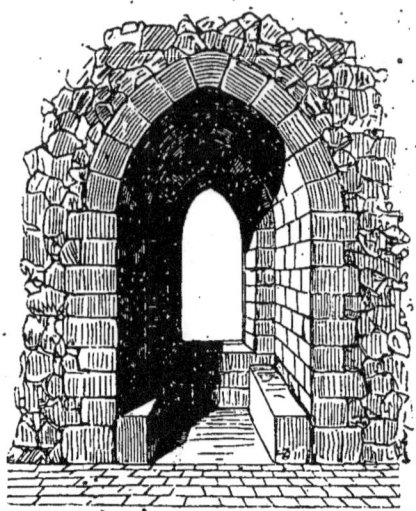

Fig. XCII. Fenêtre avec bancs en pierre.

Par une dernière conséquence du principe général que nous avons exposé en commençant (qui consiste à rendre les parties d'une forteresse susceptibles d'être isolées), on imagina de diviser souvent la maîtresse tour en deux parties indépendantes l'une de l'autre, séparées par un mur de refend, ayant chacune un escalier distinct, et ne communiquant l'une avec l'autre qu'au moyen de portes étroites. Le donjon de Chalusset (Haute-Vienne) offre un exemple de cette disposition, assez rare d'ailleurs.

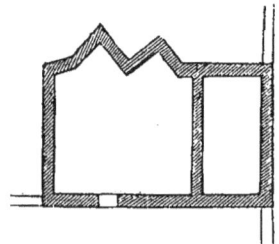

Fig. XCIII. Donjon de Chalusset.

Dans beaucoup d'anciennes forteresses on observe, dans la

maçonnerie des murs, des vides ménagés à dessein, formant comme des puits étroits et dont la destination est encore fort problématique, car je ne sache pas qu'on en ait exploré de manière à savoir où ils aboutissent. Les uns ont supposé que ces vides servaient aux mêmes usages que les ouvertures des voûtes dont nous avons parlé plus haut, c'est-à-dire au transport des munitions aux étages supérieurs; d'autres, avec plus de vraisemblance, y ont vu des conduits pour la voix, destinés à établir une communication entre les personnes placées à différents étages. Les dimensions très-variables, mais ordinairement resserrées de ces tuyaux, peuvent donner lieu encore à plusieurs autres interprétations, qu'il serait inutile de rapporter ici. Il serait à désirer qu'on pût explorer les aboutissants de ces cavités, presque toujours encombrées de pierres, et nous ne pouvons que recommander cette recherche au zèle des correspondants[1]. Ces tuyaux ou ces puits, car il est difficile de leur donner un nom, sont en général verticaux, ou bien légèrement obliques; cependant on a reconnu des cavités semblables, mais *horizontales,* dans le château de Gisors, et cette disposition est encore moins expliquée que les autres.

Il est rare que la maîtresse tour ne soit pas aussi la plus

---

[1] Il existe à Tours, rue des Trois-Pucelles, une maison en briques, du xve siècle, connue sous le nom de Maison du bourreau, et dont une tradition populaire fait la demeure de Tristan-l'Ermite. (L'origine de cette tradition est des plus ridicules, et repose tout entière sur une cordelière sculptée autour des chambranles; or cette cordelière, ornement très-fréquent, comme on sait, passe aux yeux du vulgaire pour une corde à pendre, et l'on en a conclu que pareille enseigne ne pouvait convenir qu'au compère de Louis XI.) Au dernier étage d'une tourelle de cette maison, on remarque une petite niche où aboutit l'ouverture d'un tuyau circulaire, d'environ 0^m,15 de diamètre. On ne connaît pas l'autre extrémité. On sait seulement qu'il descend assez bas, car des réparations récentes ont fait reconnaître qu'il se prolongeait jusqu'au bas de la tourelle. A partir de là, le tuyau est obstrué. Comme il n'est point garni de plomb ni même de mortier à l'intérieur, on ne peut supposer qu'il ait servi de conduit pour l'eau.

haute d'un château. Quelquefois cependant la disposition des localités a nécessité la construction d'une tour spécialement destinée à servir d'observatoire ou de guette, comme on disait au moyen âge. Les tours de cette espèce sont fort élevées, mais d'une bâtisse légère, n'ayant point de rôle à jouer dans la défense matérielle. Souvent elles correspondent avec d'autres tours placées sur des points culminants, en sorte qu'au moyen d'un signal convenu on pouvait être instruit en fort peu de temps de l'approche d'une troupe ennemie. On voit beaucoup de ces tours dans les Pyrénées[1] : et en Corse, elles forment comme une espèce de ceinture autour de l'île. On en trouve un assez grand nombre dans tous les pays de montagnes et le long des grands fleuves. La liaison de ces tours entre elle serait intéressante à étudier, car elle pourrait fournir des renseignements précieux sur les frontières des provinces au moyen âge.

Quelques châteaux ont deux donjons, ou même un plus grand nombre. C'est le développement, ou si l'on veut l'exagération du principe de l'isolement des ouvrages composant un système de fortification. C'est ainsi qu'à Chauvigny (Haute-Vienne) on voit, compris dans la même enceinte, quatre donjons assez grands chacun pour recevoir le nom de château.

L'existence simultanée de plusieurs châteaux très-rapprochés les uns des autres, mais non compris dans la même enceinte, et appartenant à des propriétaires différents, est un fait qui n'est pas très-rare, mais dont l'explication est encore bien difficile. A une époque où les seigneurs châtelains vivaient les uns à l'égard des autres dans un état, sinon d'hos-

---

[1] On les appelle dans le Roussillon *atalayes*.

tilité du moins de suspicion continuelle, ce rapprochement a quelque chose d'incompréhensible. Nous en avons vu un exemple fort remarquable à Tournemire près d'Aurillac, où sur le même plateau existent les ruines de cinq châteaux ou donjons, contemporains en apparence (du XIIIe au XIVe), ayant eu différents maîtres, et situés à un trait d'arc l'un de l'autre. Sur les bords du Rhin et de la Moselle, et le long des versants orientaux des Vosges, on voit aussi nombre de châteaux situés si près les uns des autres qu'il faut supposer que dans le principe ils auraient été bâtis par le même propriétaire, et qu'ils auraient fait partie d'un même système de fortification.

L'usage des donjons s'est conservé jusque dans les fortifications du XVIe siècle. Nous en donnons ici un exemple assez curieux, où l'on peut remarquer la forme bizarre de la construction dont le plan varie à chaque étage, et le système des meurtrières (pour des armes à feu), beaucoup plus compliqué que réellement efficace.

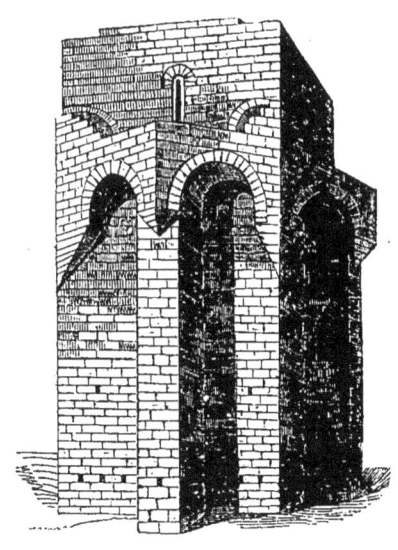

Fig. XCIV. Tour de Clansayes (Drôme).

ARCHITECTURE MILITAIRE. 73

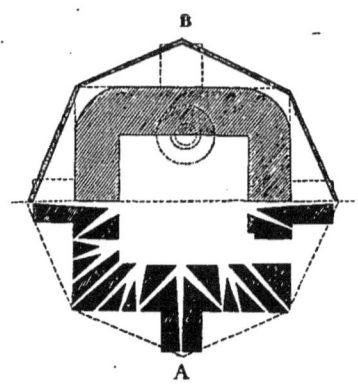

Fig. XCV. Tour de Clansayes.
A. Rez-de-chaussée,
B. 1ᵉʳ étage.

11. SOUTERRAINS.

La plupart des châteaux et surtout des donjons renferment des souterrains plus ou moins vastes et qui avaient des destinations différentes. Le plus grand nombre servait de magasins; quelques-uns recevaient des prisonniers; d'autres, enfin, débouchant à une assez grande distance du château auquel ils appartiennent, paraissent avoir fourni, dans quelques localités, un moyen de communiquer secrètement avec la campagne, et de quitter le château lorsqu'il était devenu impossible de le défendre[1].

Nous n'avons rien à dire des caves ou magasins souterrains, qui ne présentent que les dispositions usitées dans l'architecture civile.

---

[1] Froissart fournit quelques exemples de faits semblables. On voit dans les ruines du château de Chinon quelques galeries auxquelles on peut attribuer la même destination.

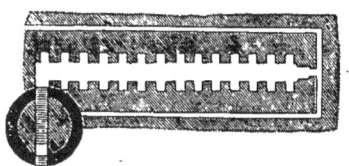

Fig. XCVI. Magasins du château du Viviers.

Quant aux cachots, on remarquera quelquefois avec quels raffinements barbares on privait le prisonnier de lumière et presque de tout moyen de renouveler l'air. Il y a des cachots qui ne reçoivent l'air que par des tuyaux étroits, souvent coudés dans leur trajet, soit pour rendre les évasions plus difficiles, soit pour empêcher que la lumière ne pénétrât pendant quelques moments dans la demeure du captif. Des fers, des bancs de pierre, des ceps où l'on engageait, dit-on, les jambes des prisonniers, se rencontrent parfois dans ces horribles lieux.

C'est encore dans les souterrains des châteaux, ou du moins dans les salles basses, qu'on interrogeait les détenus et qu'on leur donnait la question. Souvent une salle a été destinée particulièrement à cet usage; et l'on en voit encore une au château des papes à Avignon, dont le nom, *la Veille,* rappelle l'instrument de torture qu'elle renfermait. Toutefois nous devons avertir nos lecteurs de se tenir en garde contre les traditions locales qui s'attachent aux souterrains des donjons. On donne trop souvent au moyen âge des couleurs atroces, et l'imagination accepte trop facilement les scènes d'horreurs que les romanciers placent dans de semblables lieux. Combien de celliers ou de magasins de bois n'ont pas été pris pour d'affreux cachots! Combien d'os, débris de cuisines, n'ont pas été regardés comme les restes des victimes de la tyrannie féodale!

C'est avec la même réserve qu'il faut examiner les cachots

désignés sous le nom d'oubliettes, espèces de puits où l'on descendait des prisonniers destinés à périr de faim, ou bien qu'on tuait en les y précipitant d'un lieu élevé dont le plancher se dérobait sous leurs pieds. Sans révoquer absolument en doute l'existence des oubliettes, on doit cependant les considérer comme fort rares, et ne les admettre que lorsqu'une semblable destination est bien démontrée. Les oubliettes *probables* que nous avons examinées consistent en un puits profond, ménagé dans un massif de constructions, et recouvert autrefois par un plancher. Quelquefois des portes s'ouvrent vers le haut de ces puits, sans apparence d'escalier ou de machine pour y descendre. Telle est à peu près la disposition des oubliettes qu'on montre dans les ruines du château de Chinon, et que fera mieux comprendre la coupe ci-jointe.

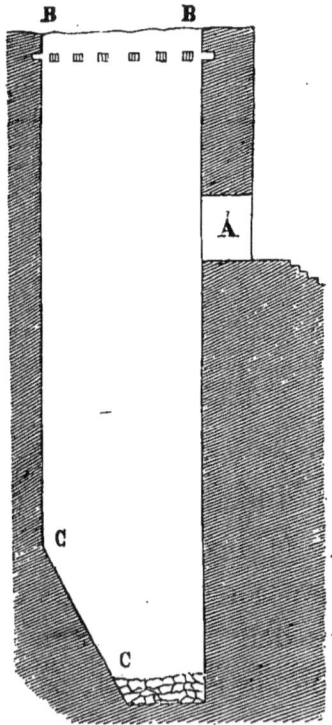

Fig. XCVII. Oubliettes du château de Chinon.

La porte A donne abruptement sur l'intérieur du puits. Des trous B, B, disposés à quelques mètres au-dessus, dans les quatre murs qui forment les parois du puits, annoncent qu'un plancher a existé. On suppose qu'il était percé d'une trappe qu'on pouvait faire jouer par la porte A. L'usage du plan incliné C C n'est pas facile à comprendre. Au reste, le fond du puits étant rempli de gravois, on ne peut juger à présent de sa profondeur.

Peut-être le fond de ce puits était-il formé par un angle aigu, afin de rendre plus pénible la position du malheureux qu'on y descendait, en l'empêchant ainsi de se coucher. C'est un raffinement de cruauté dont on verra un autre exemple dans les oubliettes de la Bastille. (Voyez fig. CII.)

Nous venons d'analyser successivement toutes les parties qui composent une forteresse du moyen âge, nous examinerons maintenant d'une manière sommaire l'ensemble de quelques fortifications.

A. ENCEINTE DE VILLE.

Cité de Carcassonne, voir fig. LXXXVII. Elle occupe un plateau d'accès très-difficile au couchant. Elle a deux enceintes : la première (l'enceinte extérieure) est bâtie sur le versant de la colline ; la seconde, plus élevée, la commande par conséquent. Les deux enceintes ne se confondent qu'en un seul point, du côté du couchant, parce que là les escarpements naturels paraissaient une défense suffisante. On a placé le château du même côté, par la même raison et parce que l'assaillant devait, suivant toute probabilité, commencer ses attaques du côté opposé. Ce château, tangent aux deux enceintes, peut en être isolé; d'un côté il communique à la ville, de l'autre à la campagne, par une barbacane F. On observera que l'enceinte intérieure de la ville est sensiblement plus forte que l'extérieure et que ses tours sont beaucoup plus rapprochées; enfin qu'elle a plusieurs tours fermées, tandis que l'enceinte extérieure n'a que des tours ouvertes à la gorge. La porte principale de la ville (la porte Narbonnaise, du côté du levant) s'ouvre entre deux fortes tours liées ensemble qui forment à elles seules comme une espèce de château indépendant. Une partie de l'enceinte intérieure, quelques tours et leurs courtines, bâties à petit appareil, entremêlé d'assises de larges briques, passe pour être de construction romaine, mais plus probablement elle est l'œuvre des derniers rois visigoths. Le reste de la même enceinte, ainsi que le château, paraissent appartenir au XIIIe siècle, sauf une tour et quelques parties de murailles, qu'on peut attribuer au XIIe. L'enceinte extérieure date, suivant toute apparence, de la fin du XIIIe ou du commencement du XIVe siècle.

B. CHÂTEAU DÉPENDANT D'UNE VILLE.

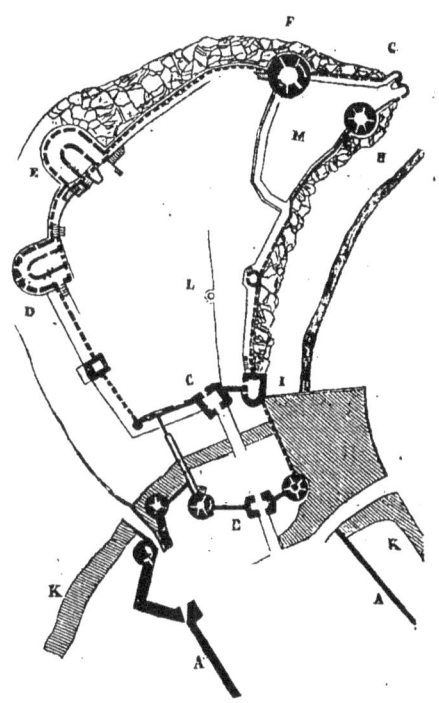

Fig. XCVIII. Château de Fougères.

Château de Fougères. Il est bâti dans la partie basse de la ville. Ici c'est l'endroit vulnérable de la ville que l'on a défendu par un château, si toutefois le château, ou du moins son donjon M, n'est pas plus ancien que la ville.

A, A' remparts de la ville.

B, porte du château.

C, seconde porte. On observera que la première porte est défendue par trois tours, qu'après avoir surmonté cet obstacle on rencontre un pont sur un ruisseau très-encaissé K', et que l'ennemi, maître de la porte B et du pont, n'a encore obtenu qu'un très-mince avantage, car il est en butte aux traits des tours C et I, qui dominent la cour comprise entre les deux portes B et C.

D, tour de Raoul.

E, tour de Surienne.

On doit noter les dimensions extraordinaires de ces tours. Elles ont des embrasures pour des canons et devaient battre, l'une D, l'espace compris entre le château et la ville, l'autre la courtine E F, protégée d'ailleurs par des rochers qui présentent un escarpement très-roide. Ces deux tours réunies protégent un angle saillant de l'enceinte, naturellement le plus exposé. Elles paraissent de construction relativement moderne.

F, maîtresse-tour du donjon, ou *Melusine*.

G, porte, ou plutôt fenêtre élevée qui paraît avoir eu autrefois un pont-levis pour communiquer à un ouvrage avancé, détruit aujourd'hui.

H, tour du Gobelin.

L, puits.

La cour du donjon M est beaucoup plus élevée que la basse-cour. Tout le donjon paraît antérieur au reste des fortifications. Les deux tours F H remontent probablement au XIIe siècle. Le reste du château paraît dater du XIVe au XVIe siècle. La plupart des tours et des courtines du château proprement dit appartiennent au XVe siècle.

B'.

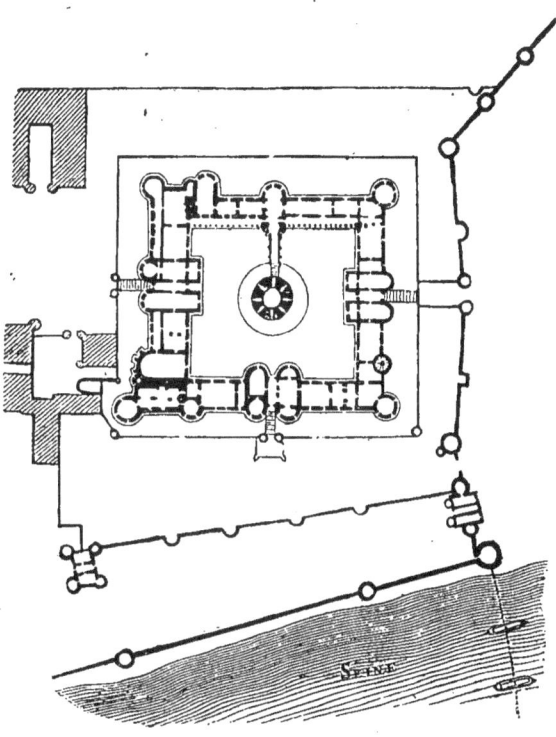

Fig XCIX. Le Louvre.

Le Louvre. Tour ronde ou donjon isolé au centre de la basse-cour. Trois portes, défendues chacune par deux tours. Bâtiments d'habitation disposés le long des courtines flanquées par des tours rondes très-rapprochées. Les tours d'angles sont beaucoup plus saillantes que les autres. Un fossé entoure tout le château. Petits ouvrages avancés aux abords des ponts. Le Louvre fut commencé par Philippe-Auguste, dans les premières années du XIIIe siècle.

www.ingramcontent.com/pod-product-compliance
Lightning Source LLC
Chambersburg PA
CBHW070207230526
45471CB00002B/862